文化发展学术文丛

北欧媒介研究

MEDIA IN
NORDIC COUNTRIES

王宇 著

社会科学文献出版社
SOCIAL SCIENCES ACADEMIC PRESS (CHINA)

总　序

　　用文化传达积极的精神信念，给人以希望和动力，用文化改革释放发展红利，洋溢着温暖和勇气。在文化创新不断推动经济发展换挡升级的时代历程中，中国传媒大学文化发展研究院紧扣时代发展脉搏，从立足文化产业现实问题到搭建文化领域学术研究、人才培养和社会服务的综合学术平台，以"大文化"为发展理念，设计学科架构、搭建文化智库、打造学术重镇，在十年的发展进程中，一直致力于探索构建充满活力、富有效率、更加开放的学科群。

　　"文化发展学术文丛"正是中国传媒大学文化发展研究院十年来对学科建设、理论建构、智库发展和人才培养等专业问题不断探索的阶段性总结。它既折射着我们打造立体学术平台做出的努力，也见证着我们提升国际学术话语权、构建国家文化发展理论体系的情怀；它既反映了我们作为一支年轻研究团队怀揣的学术梦想，也彰显出我们立足严谨，向构建一流学科体系不断前进的初心与恒心。

　　文化是一条源自历史、流向未来的丰沛河流，经济社会发展需要它的润泽。文化的强大功能，铸造了"文化＋"崭新的发展形态。正因为"文化＋"是文化要素与经济社会各领域更广范围、更深程度、更高层次的融合创新，是推动业态裂变，实现结构优化，提升产业发展内涵的生命力，"文化发展学术文丛"以"文化＋"为出发点，以文化内容融合式创新为研究主题，研究发轫于文化但又不囿于文化本身，它既包括全球视野下的比较研究，也包括文化创新领域的理论前沿；既聚焦文化建设的顶层设计，也关注不同行业领域现实问题的具体研究。可以说，打破传统的思维模式，不断增强文化认知的"大融合思维"，既是"文化发展学术文丛"的主要特点,也深刻反映了未来十年文化发展的趋势。

随着我国文化发展的学科建设渐成体系、理论研究不断完善、人才培养步入新境,未来十年,将有更多的文化理论经典和文化研究著述出现,它们将更好地以理论创新引导实践前行,在支撑国家文化创新驱动发展战略、服务区域文化经济转型升级、促进文化改革内涵式发展等方面汇聚力量,彰显价值,为文化强国建设注入源源不断的精神力量。

是为序。

中国传媒大学文化发展研究院院长、博士生导师

范　周

2016 年 4 月

前　言

在欧洲国家中，北欧国家是一个相对特殊的群体，他们虽各自独立，但在社会、文化和政治方面基于历史和语言的原因既有一定的同质性，又有一些差异，体现在是否加入欧盟、已加入欧盟的国家是否加入欧元区、是否接受移民和难民等关键政治领域。

在媒介领域，北欧国家同样具有历史相似性：由于北欧国家是欧洲较晚解除广播电视管制的国家，它们拥有强大的公共服务组织，相对于欧洲其他国家而言，北欧国家公共广播业者在媒介市场的地位仍属重要和突出。尤其特殊的是，北欧国家都有需要承担一定公共服务责任的私营电视公司存在；由于较早实行了义务教育制度，北欧各国的识字率普遍较高，民众有着较好的阅读习惯，从而使各国的报纸阅读率均较高；由于北欧人民对新媒体技术的热情，他们的互联网渗透率普遍高于欧盟平均水平；北欧各国均拥有历史悠久、势力强大且组织良好的记者协会或其他新闻自律组织等。

在对待境外媒体的态度上，北欧人的主要观念是：发挥各种文化关系的相互作用，加强地区与地方媒介力量的有机互动。他们一方面将自己作为一个内部开放的市场；另一方面通过政府的报业补贴（存在于挪威、瑞典、芬兰）和对小型广播电台的补贴（丹麦），以及对境外媒体给予一定程度的"限制"（对儿童影视作品的审查、对儿童广告的限制、对本国及欧洲节目所占比例的规定）等方式保护自己的文化独立性。

有研究者认为，北欧国家有着不同于其他国家的基于表达自由和作为基本产品的自由报业、对媒介的政府资助和对作者的补贴、媒介和文化产品的消费水平较高的"北欧媒介模式"。在此模式之下，商业性媒体可以与各种社团的媒体共存；政治平行主义可以与新闻专业主义共存；新闻自由可以与国家干涉共存。但也有研究者认为，由于北欧各国均属于小国，出于各自捍卫文化传统和语言文字等的需要，各国媒介制度和管理、运营方面的个性多于共性，因而"北欧媒介模式"很难成立。

20世纪90年代以来，全球化、商业化、高科技化成为全球媒介产业发展的重要特征。一方面，北欧国家无可避免地受到全球化的影响，一些国家因其播出的电视节目中美国节目所占比例较高而出现"泛美国文化"的趋势；泛北欧的卫星电视频道中大量的商业广告对北欧国家不在儿童节目中播出广告的传统形成影响和冲击等。另一方面，北欧国家的媒介趋势也开始影响世界，如北欧国家宽带和移动互联网的发展已成为世界其他地区的典范，媒体网站成为主要网络服务商的转型经验值得借鉴，创办于瑞典的《地铁报》带来席卷全球的免费报纸热潮等。北欧国家在世界媒体格局中的地位开始逐渐受到人们的重视。

对外国媒介业的研究一直是新闻传播研究的重要领域之一，但由于多种原因，国内对北欧国家的专门性研究相对较少。本书试图对丹麦、芬兰、冰岛、挪威、瑞典五个北欧国家媒介业发展的脉络进行梳理，并对一些具有代表性的话题进行分析，希望能够给那些对北欧国家媒介业发展及北欧媒介模式感兴趣的人打开一扇窗口，并对其今后的研究起到抛砖引玉的作用。

目 录

第一章 北欧国家及其媒介业 ·· 1
    第一节 北欧国家概况 ·· 1
    第二节 北欧媒介模式 ·· 9

第二章 印刷媒介的发展与报业转型 ·· 28
    第一节 传统报业的产生与发展 ··· 28
    第二节 多样化的报业补贴制度 ··· 59
    第三节 免费报纸的兴盛及衰落 ··· 68
    第四节 市场高度集中的杂志业 ··· 75

第三章 双轨制下的视听业发展 ·· 83
    第一节 广播电视双轨制的形成与发展 ································ 83
    第二节 根基强大的公共广播机构 ······································ 99
    第三节 市场狭小的商业广播电视 ······································ 124
    第四节 基于国家扶持的电影业 ··· 135

第四章 新媒体的兴起与发展 ··· 142
    第一节 网络媒体的兴起 ··· 142
    第二节 广播电视的数字化转型 ··· 149
    第三节 媒介融合下的报业转型
        ——以挪威斯蒂伯斯蒂公司为例 ································ 161

第五章　规范化的媒介监管及媒介自律 …………………………… 167
第一节　对媒介的国家干预 ……………………………………… 167
第二节　媒介管理制度与法规 …………………………………… 171
第三节　制度化的新闻自律 ……………………………………… 181

参考文献 ………………………………………………………………… 184

后　记 …………………………………………………………………… 191

第一章　北欧国家及其媒介业

第一节　北欧国家概况

在世界上大多数地区，英语中的斯堪的纳维亚（Scandinavia）①和北欧（Nordic）常常被认为是五个北欧国家的不同表述。但事实上，北欧国家的民众并不认为这两个英文单词所代表的北欧国家是一致的。

对北欧人来讲，斯堪的纳维亚和北欧涵盖的范围有所不同。

从地理角度来讲，1850年以来，斯堪的纳维亚半岛包括挪威、瑞典的大陆及芬兰北部，严格意义上的斯堪的纳维亚国家只有挪威和瑞典。丹麦自1658年以来已不再拥有斯堪的纳维亚半岛上的任何领土，丹麦大陆所在的日德兰半岛还包括部分德国领土。但在大多数情况下，人们还是习惯将丹麦、挪威、瑞典三个国家称为斯堪的纳维亚国家。

从语言角度来讲，瑞典语、挪威语和丹麦语都属于共同的斯堪的纳维亚语（Skandinavien），就是古挪威（Norse）地区的语言。然而，冰岛也属于古挪威区域，而且冰岛语比和它同一语系的瑞典语、挪威语和丹麦语保留了更多的古挪威语成分。丹麦的海外自治领土法罗群岛同样属于斯堪的纳维亚语系。格陵兰岛目前是丹麦王国的海外自治领土，几乎所有的人都讲丹麦语，但从地理上讲，是北美洲的一部分。因此，有人将瑞典、挪威、丹麦和冰岛四个国家称为斯堪的纳维亚国家。

---

① 斯堪的纳维亚（Scandinavia）现代的用法源自19世纪中叶提倡统一丹麦、瑞典和挪威的政治运动。当时受拿破仑战争所引发的动荡影响，挪威从丹麦分裂出来，瑞典的东部地区（即芬兰）被俄罗斯帝国侵占。

从历史和文化角度来讲，欧洲北部曾是瑞典王国、挪威王国和丹麦王国的领地（见表1-1）。丹麦和瑞典曾经在不同的历史时期占领过挪威，丹麦语一度是挪威的官方文字语言，易卜生等挪威作家的著作最初都是用丹麦语出版的。芬兰也曾经是瑞典王国的一部分，受瑞典文化影响巨大，瑞典语是芬兰的官方语言之一，目前在芬兰南部沿海地区生活的居民所讲的语言主要还是瑞典语，但芬兰语与斯堪的纳维亚语关系不大。此外，在芬兰、瑞典和挪威北部居住的萨米人（拉普兰人）可以说是欧洲北部地区的"土著"居民，他们的萨米语在三国是通用的。从这个角度讲，斯堪的纳维亚国家又可以包括丹麦、挪威、瑞典和芬兰四个国家。

表1-1 北欧国家的历史演进

时间	北欧政治实体					
21世纪	丹麦（EU）	法罗群岛（丹麦）	冰岛	挪威	瑞典（EU）	芬兰（EU）
20世纪	丹麦				瑞典	芬兰
19世纪	丹麦				瑞典和挪威联盟	俄国
18世纪	丹麦-挪威（联盟）				瑞典（或瑞典-芬兰）	
17世纪						
16世纪						
15世纪	卡尔马联盟					
14世纪			挪威		瑞典	
13世纪	丹麦					
12世纪		法罗	冰岛	挪威		
北欧民族	丹麦人	法罗人	冰岛人	挪威人	瑞典人	芬兰人

从政治和经济角度来讲，瑞典、芬兰、丹麦、挪威、冰岛五个国家在20世纪开始建立高税收、高福利的社会制度。2012年在世界税收比例排行榜上，丹麦位居第2（49%），仅次于非洲的津巴布韦。其余几个国家的排名分别是：瑞典排名第4，芬兰和挪威并列第7，冰岛排第13名。与津巴布韦不同，北欧国家高税收的目的在于为社会生活各个领域提供高品质的服务。尽管近年来北欧国家的收入差距

也在逐渐拉大，但总体来讲，其收入结构还是非常扁平化的，人均国内生产总值的水平高居世界前列。世界货币基金组织根据人均国内生产总值所做的统计显示：2013年，在世界上最富裕国家的排行中，挪威名列第2、丹麦排名第6、瑞典排名第7、芬兰排名第16、冰岛排名第17。与前三个国家相比，后两个国家还没有完全从2008年开始的全球金融危机中恢复过来。由此，这五个国家有着共同的名字——北欧国家。

综上所述，斯堪的纳维亚国家指的是除俄罗斯以外的三个欧洲北部国家——丹麦、瑞典和挪威；北欧国家（Nordic Countries）才是称呼三个斯堪的纳维亚国家（挪威、瑞典和丹麦）和两个共和国（芬兰、冰岛）的正式名称。

结合以上多种说法，本书所讲的北欧国家即Nordic Countries，包括丹麦、芬兰、冰岛、挪威、瑞典五个独立国家。

一 丹麦

丹麦王国位于欧洲大陆的西北部，西北隔斯卡格拉克海峡与挪威相望，东隔松德海峡与瑞典相对，南部日德兰半岛与德国接壤，西隔北海与英国遥望，是西欧、北欧陆上交通的枢纽。从面积来讲，丹麦是北欧面积最小的一个国家，国土面积为43.1万平方公里。截至2011年1月，人口有521万人，其中95%的人为丹麦人，5%的外来人口中有8万人来自其他北欧国家、欧盟国家或者北美地区。其余的移民来自东欧、中东和非洲，主要包括土耳其、巴基斯坦、伊拉克、伊朗、索马里和前南斯拉夫。

丹麦大约在公元985年形成统一的王国。丹麦从9世纪起就不断向邻国扩张，于11世纪20年代征服了整个英格兰和挪威，成为欧洲强大的海盗帝国。1397年，丹麦与挪威、瑞典结为卡尔马联盟，其疆土除斯堪的纳维亚三国外还包括芬兰的一部分。15世纪，丹麦的海盗帝国开始走向衰落。1523年，瑞典脱离卡尔马联盟宣布独立。1814年，丹麦败给瑞典后将挪威割让给瑞典。1944年，冰岛脱离丹麦。丹麦在两次世界大战中均宣布中立，但其在第二次世界大战中被德国占领。1949年，丹麦颁布第一部宪法，宣布其为君主立宪国家，并于同年加入北大西洋公约组织。

1973年，丹麦加入欧洲共同体。目前，丹麦是欧盟成员国，但没有加入欧元区。

丹麦是一个高度工业化的国家。丹麦人的生活以高福利、高收入、高税收、高消费为特征，丹麦作为北欧福利模式的典型，是世界上人民生活水平最高的国家之一。第二次世界大战结束后，丹麦经济迅速发展，国民生活水平发生了巨大变化。1970年，丹麦在全球人均国内生产总值排行榜上独占鳌头。此后，丹麦的人均国民生产总值一直处于世界前10名之列。2005年，丹麦的国民生产总值为15515亿丹麦克朗（约合2090亿欧元）。

丹麦之所以能在第二次世界大战后迅速从一个不甚发达的农业国变为一个拥有高科技水平的工业国，主要原因之一就是大力发展普及性教育，建立了一个完整、协调、灵活的教育制度。① 丹麦奉行每个社会成员在文化方面享有平等发展机会的文化方针，从1973年起实行九年制免费义务教育。统计数字显示，受过高等教育的丹麦人超过88万人，占全国人口的17%左右。

丹麦语和挪威语、瑞典语都属于斯堪的纳维亚语言，有一定的相似性。9世纪以前，丹麦、瑞典、挪威的居民都使用古挪威语，从1100年起出现了独立的丹麦语。目前，尽管丹麦、挪威、瑞典三国有各自的语言，但三者之间仍然具有一定的相似性，这为丹麦、挪威、瑞典三国之间媒介业的相互渗透提供了一定的语言基础。

二 芬兰

芬兰共和国位于欧洲北部，有1/3的国土位于北极圈内。芬兰东临俄罗斯、南濒波罗的海和芬兰湾、西面是波的尼亚湾及瑞典、西北部与挪威接壤。芬兰境内有大大小小的湖泊18.8万个，占国土面积的10%，素有"千湖之国"之称。芬兰的国土面积为33.8万平方公里，是欧洲第7大国。芬兰人口为530万人（其中包括28.9万名以瑞典语为母语的人，这些人主要居住在西部和南部沿海地区，占全国总人口的5.5%），多数芬

---

① 王鹤编著《列国志·丹麦》，社会科学文献出版社，2006，第222页。

兰人居住在气候比较温暖的南部沿海地区，其中63%的人居住在城市或准城市地区。芬兰北部的拉普兰人（即挪威和瑞典北部所称的萨米人）约有1700名，他们的语言为拉普兰语。

芬兰最早的居民为拉普人（因此芬兰也叫拉普兰），芬兰人迁入后建立了芬兰大公国。芬兰在12世纪后半期由瑞典统治。1809年，俄瑞战争中瑞典失败后，芬兰成为沙俄境内的自治大公国。1917年12月，芬兰共和国宣布独立，并于1919年7月17日颁布宪法宣布芬兰为独立的共和国。芬兰是北欧国家中唯一在斯堪的纳维亚自耕式农场主社会基础上建立共和国体制的国家，因此，芬兰的总统比其他北欧国家的国王拥有更强的政治影响力。芬兰于1995年1月1日加入欧盟，并于1999年加入欧元区，目前是北欧三个欧盟成员国中唯一使用欧元的国家。

芬兰经济在20世纪90年代初曾出现严重的衰退，但从1993年开始复苏。2008年以后，芬兰经济再度受到全球金融危机的影响，目前尚在恢复中。芬兰是一个高度工业化和技术发达的国家，是世界上互联网接入比和人均手机持有量最高的国家之一。与其他北欧国家一样，芬兰也是福利制国家，有重视图书馆、剧场、戏剧、交响乐团等公共文化部门的传统。芬兰政府尽力保证人们可以接触到公共文化服务，同时保证艺术家及其艺术的独立性。

芬兰是北欧五国中唯一拥有两种官方语言的国家。1154年，瑞典国王埃里克九世将基督教引入芬兰之后，两国在700年间一直保持着非常密切的关系。瑞典语一直是行政、教育机构的第一语言。直到19世纪，芬兰语才引起了人们的重视。目前，由于芬兰语和瑞典语都是芬兰的官方语言，芬兰境内有用芬兰语和瑞典语两种语言的报纸、杂志、电台和电视台等大众媒介。

三　冰岛

冰岛共和国是北大西洋中一个靠近北极圈的岛国，也是欧洲地理位置最西的国家。冰岛是欧洲第二大岛，西隔丹麦海峡与格陵兰岛相望，东临挪威海，北面格陵兰海，南界大西洋，几乎整个国家都建立在火山岩上，是世界上温泉最多的国家，也被称为"冰火之国"。冰岛的国土面积为

10.3万平方公里。截至2011年，在冰岛，全国31.85万人口中大约80%的人生活在城市，其中生活在首都雷克雅未克及其周边地区的占60%。

冰岛人的祖先是9~10世纪来自挪威西部的移民。公元930年，冰岛人建立了世界上最早的议会和冰岛联邦。冰岛保持了300年的独立，随后被挪威和丹麦统治。在1814年丹麦－挪威联合王国根据基尔协议（Treaty of Kiel）将其分治之前，冰岛是挪威国王的殖民地，此后成为丹麦的附属国。1874年，丹麦政府给予冰岛有限的自治。1918年，冰岛在内政方面进一步获得了类似于保护国的独立和主权，在外交和国防方面丹麦仍保留权力。1940年，纳粹德国在二战期间占领了丹麦，同年盟军占领了冰岛。丹麦国王继续对冰岛保持法律上的统治，直到1944年6月17日冰岛共和国建立。

冰岛于1946年加入联合国，1949年成为北约成员国。1951年冰岛和美国签订了防卫冰岛的协议，根据这一协议，美国在凯夫拉维克（Keflavík）设有军事基地，直到2006年9月底美军单方面撤出。冰岛在1994年加入了欧洲经济区，2001年成为申根协定成员国，但由于担心欧盟共同渔业政策、农业政策损害自身利益以及不认同欧盟的管理方式，冰岛一直拒绝加入欧盟。1995年以来，冰岛经济进入快速增长期，年均GDP增长约为4%，在经合组织国家中名列前茅。在2009年的人类发展指数排名中居全球第一。冰岛在2008年遭遇经济危机后提议加入欧盟的人数有所增加，但调查显示，大多数冰岛人仍然反对冰岛成为欧盟成员国。

由于冰岛远离欧洲大陆，冰岛语始终保持古代挪威语西部方言的特点，词汇很少受外来语的影响。有的语言学家称它为欧洲"最保守的"语言之一。由于斯堪的纳维亚人在9世纪曾经入侵英国，冰岛语与古英语也有诸多共同之处。冰岛的教育业发达，全国在校人口占总人口的1/3，人们的受教育程度普遍较高，这对于印刷媒介的发展具有积极作用。

四 挪威

挪威王国（挪威语为Norge）位于欧洲北部斯堪的纳维亚半岛西北部，通过一条长长的海岸线直达北海、北冰洋和巴伦支海。挪威国土面积为38.5万平方公里，1/3的国土在北极圈内，其最北端的北角也是欧洲大陆的最北端。挪威境内的高山、峡谷和峡湾将国家分割为许多独立的区域，形成了有着不同口音和地方文化的独立区域。截至2008年10月，统计人口为483万人，其中一半住在东南方或靠近首都奥斯陆的地方，另一半人住在沿海和峡湾地区，大约75%的人居住在大都市地区。挪威境内98%的人为挪威人，在挪威人中，只有古老的少数民族萨米族（Sámi）主要居住在挪威北部。萨米人是斯堪的纳维亚半岛的原住民，目前主要生活在挪威、瑞典和芬兰的北部地区。

挪威从历史上讲就是一个推崇平等主义的国家。公元9世纪形成了统一的挪威王国。9~11世纪，挪威人已掌握了当时世界上最先进的航海技术，开辟了多条海上贸易通道。维京海盗名扬四海，曾一度到达冰岛、格陵兰岛、俄国、诺曼底、苏格兰、爱尔兰等地。挪威于12~13世纪进入鼎盛时期，但从14世纪中叶开始走向衰落。1397年，挪威、丹麦、瑞典组成卡尔马联盟，挪威受到丹麦的控治。1814年，丹麦把挪威割让给瑞典。1814年5月17日，挪威通过宪法，规定其为世袭君主立宪国。挪威于1905年宣布独立，成立君主立宪制国家。挪威在第一次世界大战中保持中立，但在第二次世界大战中被德国占领，国王及其政府流亡英国。挪威在政治、文化、社会、商业生活等方面与欧洲其他地区保持密切联系，是联合国、北大西洋公约组织、欧洲委员会等国际组织的创始国，并于1994年成为欧洲经济区协定（EEA）成员国，但在1972年和1992年的两次全民公决中，挪威人都选择了拒绝加入欧盟。

挪威独立之初属于欧洲比较贫困的国家，自20世纪60年代末挪威大陆架发现石油后，石油业的崛起成为挪威经济发展的主要动力，此后挪威经济发展的速度始终高于西方工业国的平均增速，目前已经成为高度发达的资本主义工业国，是世界上少数几个最富裕的发达国家之一。挪威还是世界上福利国家的先驱，除实行九年制义务教育外，还有一系列的社会福利和保障。

中世纪，丹麦是欧洲北部最强大的国家，丹麦语随之成为在挪威、瑞典等地通用的北欧语言。因此在丹麦统治挪威的1400~1814年，丹麦语成为挪威人的官方语言。1814~1905年，挪威与瑞典联盟，其间丹麦语仍然是挪威的官方语言。正因为如此，挪威人一般都能看懂和听懂丹麦语和瑞典语，这使挪威人可以很容易地接触并理解瑞典和丹麦媒介所传播的内容。

挪威语诞生的时间相对较晚。19世纪初，在一些偏僻地区和广大农村，人们习惯讲自己的方言土语；而城里的达官显贵和很多受过高等教育的人则讲带有挪威口音的丹麦语。1885年以后，挪威形成了两种泾渭分明的官方语言：奥斯陆的上层语言波克莫尔语（Bokmål）受丹麦语言影响较大，也叫丹麦式挪语（Dano-Norwegian），是文字语言；挪威西部地区乡村口音的新挪威语（Nynorsk）是从丹麦统治时的旧挪威语演变而来，包含许多日常方言的特色，属于草根语言。挪威法律规定，这两种语言有同等的地位，可在新闻媒体使用并作为学校的教学语言和政府部门的官方用语。但事实上只有很少的人选择新挪威语作为教学语言，大约80%的挪威人使用波克莫尔语。此外，挪威还有两种均不属于印欧语系的官方允许使用的语言，一种是北部萨米人使用的萨米（Sámi）语，另一种则是北部早期芬兰移民一直在讲的Kven语，会讲这两种语言的人极少。

五 瑞典

瑞典王国（瑞典语为Sverige）位于欧洲北部斯堪的纳维亚半岛东北部，其东北部与芬兰接壤，西部和西北部与挪威为邻，东濒波罗的海，西南临北海，国土面积为44.99万平方公里，是欧洲第五大国。瑞典是一个地广人稀的国家，只有大都市的人口密度超过每平方公里100人。全国大约有6%的人口来自其他国家，外来移民中20%的人是芬兰人，其他人口较多的外来人口族群来自前南斯拉夫和伊朗。瑞典北部基律纳地区居住着北欧古老的少数民族萨米人。

瑞典在公元1100年前后开始形成国家，1157年瑞典兼并了芬兰。1397年，瑞典、挪威、丹麦组成卡尔马联盟，瑞典和挪威都受丹麦的统治。1523年瑞典脱离卡尔马联盟独立。1521~1718年也被称为"瓦萨"时期，是瑞典的强盛时期，瑞典成为欧洲第一大强权国家。当时瑞典的领土包括现芬兰、爱沙尼亚、拉脱维亚、立陶宛以及俄国、波兰和德国的波罗的海沿岸地区。1718年，瑞典对俄国、丹麦和波兰作战失败后逐步走向衰落。1809年，瑞典战败后被迫将芬兰割让给俄国。1814年，瑞典从丹麦手中获得挪威后，与挪威结成瑞挪联盟。1905年挪威独立。瑞典宪法规定，瑞典是君主立宪制国家，议会是国家唯一的立法机构，由民选产生。瑞典奉行"平时不结盟，战时守中立"的原则，在两次世界大战中都保持中立。1946年瑞典加入联合国，1952年，瑞典作为创始国与丹麦、挪威和冰岛一起成立了北欧理事会，芬兰于1955年加入。1995年，瑞典正式加入欧盟。和丹麦一样，瑞典也没有加入欧元区。

19世纪50年代以前，瑞典还是欧洲一个落后的农业国，但到了1954年，就已经成为发达程度仅次于美国的工业国。[①] 到20世纪60年代中期，它已经变成世界上经济最发达、社会福利最完备的国家之一，在很长时间里，作为福利国家的典型，瑞典一直成为世界各类社会制度国家所努力效仿的对象。经历了20世纪70年代后期和80年代的缓慢增长以及90年代初短期的经济危机之后，瑞典从90年代中期开始在世界上继续保持经济领先地位。目前，瑞典的人均国民生产总值居世界第8位。

在教育方面，瑞典是世界上教育事业比较发达的国家，不但建起了从幼儿园到老人的全程教育体系，而且是北欧第一个实行九年制义务教育的国家。1962年，瑞典议会通过了《教育法》，把义务教育的时间从原来的七年延长至九年。公众受教育程度较高的现实带动了瑞典纸质媒介的发展和普及。

第二节　北欧媒介模式

传播学者丹尼尔·哈林（Daniel Hallin）和保罗·曼西尼（Paolo Mancini）在《报刊的四种理论》的研究基础之上，对北美和欧洲的18个国家进行对比性研究后，将媒介体制归纳为三种——北欧的丹麦、芬兰、挪威、瑞典和中欧的德国、奥地利、荷兰、瑞士、比利时等被归为民主社团体制（也有的人称为合作主义），其中以北欧四国最为典型。[②] 虽然有

[①] 梁光严编著《列国志·瑞典》，社会科学文献出版社，2007，第18页。
[②] 尽管冰岛是北欧五国之一，但由于国家太小，哈林和曼西尼没有将冰岛列为研究对象。

学者质疑是否存在媒介体制的"北欧模式",但哈林和曼西尼对北欧媒介体制的归纳得到了大多数研究者的认同。北欧媒介模式可以被认为是"合作主义"模式的体现:商业性媒体与社团媒体共存;政治平行主义与新闻专业主义共存;新闻自由与国家干预共存。[1]

《欧洲文化价值报告(2006)》的数据显示:北欧的欧盟国家公众在看电影、使用图书馆和读书方面处于前列。欧盟国家平均有51%的人去电影院看电影,71%的瑞典人和69%的丹麦人去电影院看电影;芬兰人在欧盟国家民众中使用图书馆的比例最高,72%的芬兰人去过图书馆,瑞典和丹麦的这一比例则分别为70%和68%,而欧盟国家的平均比例为35%;瑞典人在阅读方面的比例也居于前列,87%的瑞典人阅读书籍,丹麦人的阅读比例为83%,而欧盟国家的平均水平为71%;在参加文化活动方面,北欧国家也处于欧盟国家前列或接近前列。[2]

一 北欧媒介模式的特征

所谓北欧媒介模式,体现为基于表达自由和作为基本产品的自由的媒介业,以及政府对媒介和作者的补贴制度,公众对媒介和文化产品的消费水平较高等。具体体现在以下方面。

(一) 报纸数量多、普及率高

多年以来,报纸的高普及率一直是北欧媒介模式的主要特征。传统付费报纸在北欧国家拥有很多读者,受国家规模和人口数字所限,北欧国家报纸的读者数量并不是很高,但其报纸千人拥有量和读者人数在公众中所占的比例都居世界前列。在意大利等南部欧洲国家,电视是最重要的大众传媒,阅读报纸的人多数是政治贵族或社会精英。在北欧国家则由于较早实行了义务教育制度,公众文化水平普遍较高,因此北欧国家的公众有着良好的阅读报纸的习惯,报纸读者的比例一直较高且发展稳定。冰岛作为世界上第一个没有文盲的国家,冰岛人撰写、出版和购买书籍的比例为世界之最。在瑞典,公共教育体系对每个国民开放,从入学教育到高等教育

---

[1] 王祖茂:《当代各国政治体制:北欧诸国》,兰州大学出版社,1998,第45页。
[2] "Nordic media models under pressure", *Nordic Media Policy*, No. 4, 2007.

都是免费的。① 2005年，世界报纸人均拥有量居前5位的国家依次为挪威、日本、芬兰、瑞典和瑞士，北欧国家占了3个。2007年，丹麦、芬兰、挪威、瑞典4国公民的报纸阅读率分别为69%、79%、72%、79%，报纸千人拥有量则分别为213份、416份、475份和379份，冰岛的报纸千人拥有量为245份。2008年，挪威、芬兰、瑞典的报纸千人拥有量分列世界第2～4位，排名世界第1的为日本。

然而，面对网络媒体的冲击，北欧四国的阅读率也受到冲击。2012年，丹麦、芬兰、挪威、瑞典四国公民的纸质报纸阅读率都有不同程度下降，分别为51%、73%、55%、61%。与此同时，北欧国家公民的在线版报纸阅读率持续增长。

多年来，由于地理和人口等原因，北欧国家报纸的发行量普遍较少，地方报纸地位重要，报纸发行以订阅为主，报纸广告占媒介广告市场份额的40%左右，高于欧盟国家30%的水平。但自20世纪90年代中期以来，北欧国家的报业开始面临结构性变革，付费报纸数量和报纸的千人拥有量都呈下降趋势。

付费报纸发行量减少是全世界报业面临的普遍问题，各国研究人员对这一现象给予了多种解释，包括报业市场的结构变化、媒介所有权集中等"老问题"和20世纪90年代中期以来免费报纸和网络兴起带来的"新情况"。

1995年，世界上第一份在地铁等公共交通站点免费发放的报纸《地铁报》（*Metro*）在瑞典首都斯德哥尔摩诞生。该报很快风靡瑞典，并迅速向外扩张，在欧洲、美洲和亚洲的20个国家的100个城市发行。此后，北欧其他报业公司相继开办了《20分钟》（*20 Minute*）、《今日》（*Dato*）、《24小时》（*24 Timer*）等免费日报。尽管世界报纸协会主席帕金森认为免费报纸不仅吸引了年轻读者，而且帮助付费报纸也做到了这点，但事实上，北欧国家报纸读者的老龄化问题比以往更加突出。2008年以后，受全球经济危机的影响，免费报纸快速衰落，传统付费报纸的萎缩也更为明显。

---

① 粟芳等编著《瑞典社会保障制度》，上海人民出版社，2009，第270页。

（二）公共广播机构市场地位强大

20世纪30年代初，北欧国家相继重组或开办了本国的国家电台。这些广播电台按照英国广播公司（BBC）的模式建立，强调媒介对社会的公共服务功能，不播出广告，以收听费为经济来源。

20世纪80年代以后，受西欧国家广播电视业放松管制的影响，北欧国家的政府管理部门也开始对其广播电视业逐渐放松管制，国家广播公司垄断广播电视业的格局被打破，先是允许地方开办地方性非商业电台（瑞典称为邻居电台）和电视台，后允许开办地方性乃至全国性的商业电台和全国性的商业电视台。政府同时规定，这些全国性的商业电视台也需要承担一定的公共责任。

从总体上讲，欧洲广播电视业实行双轨制以来，公共广播电视的收听率、收视率都呈下降趋势，在北欧地区同样如此。就广播而言，北欧国家公共广播频道的市场份额从20世纪80年代的75%左右下降到了目前的50%左右。其中，芬兰广播公司失去的份额最大，丹麦、冰岛、挪威的公共广播公司的市场份额在经历了初期的下降之后，近年都比较稳定，挪威广播公司的地位甚至重新得到了强化。电视业同样如此，由于国家广播公司开办新的电视频道获得成功，公共电视频道在丧失了一部分观众后，市场地位也基本趋于稳定。2007年，丹麦广播公司、芬兰广播公司、冰岛广播公司、挪威广播公司和瑞典电视台（瑞典广播电视业进行过多次重组，目前公共电视机构称为瑞典电视台，瑞典电台为公共广播机构）的市场份额分别为33%、44%、49%、42%、35%，除丹麦广播公司的电视频道外，均为该国第一大电视频道。从总体上来讲，北欧国家公共广播电视公司的地位比其他欧洲国家的公共广播公司要高得多。

20世纪50年代末至60年代初，北欧国家相继开办了电视服务。除芬兰一开始就采取了公共电视和商业电视的"双轨制"外，其他国家的电视业采用的也是公共服务模式，由原有的国家广播公司实行对广播电视业务的国家垄断。丹麦广播公司（DR）、冰岛广播公司（RUV）、挪威广播公司（NRK）各自成立了自己的电视部门，瑞典则成立了与瑞典电台（SR）并立的瑞典电视台（SVT）和瑞典教育广播电视台（UR）①。20世纪80年代放松管制后，丹麦电视二台成为一个半公共电视台。

整个20世纪后半期，由于政策和技术的原因，北欧各国的公共电视因其垄断地位而具有市场优势，属于各国排名第一或第二的电视频道。进入21世纪后，北欧各国相继进入了数字电视时代，一方面，数量众多的细分频道开始出现，另一方面Youtube、Netflix这样的网络平台进入北欧市场，各国公共电视的市场份额有所下降，但幅度不大。除丹麦电视二台外，基本下降幅度为2%~4%，冰岛的电视观众份额甚至有所上升（见图1-1）。

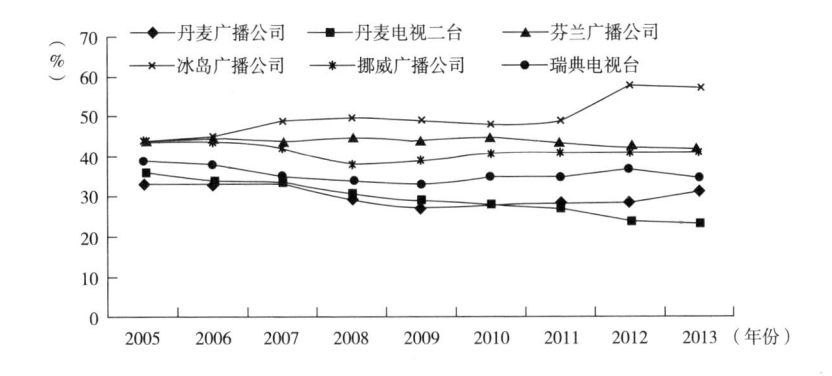

图1-1 北欧国家公共电视频道的观众份额

数据来源：丹麦 TNS 盖洛普公司；芬兰 Finnpanel；冰岛 Capacent；挪威 NRK/TNS、盖洛普；瑞典 TNS Sifo（原为 RUAB/Sifo Media）。

（三）各不相同的媒介国家干预

实行自由主义媒介体制的国家由于相信媒介市场选择的好处，较少对媒介进行国家干预，采用民主社团体制的北欧国家则认同以国家干预来保证媒介多样化及公民平等使用媒介的权利。

北欧国家对媒介的国家干预主要有以下几种。首先是选择性报业补贴。北欧五国中，瑞典、芬兰、挪威三国政府分别于1963年、1967年和1969年开始实行报业补贴制度，由政府部门面向那些在市场竞争中处于

---

① 瑞典电视台只制作电视节目。瑞典教育广播电视台同时制作教育类广播电视节目，以窗口形式在瑞典电台和瑞典电视台播出。

相对弱势地位的次级报纸提供直接的经济补贴或间接的发行补贴，或者二者兼而有之。这三个国家对报业补贴的方式和方向各有不同：挪威和瑞典有专门针对次级报纸的选择性报业补贴；丹麦虽然没有选择性报业补贴，但丹麦报纸可以免缴25%的增值税，此外，丹麦政府每年还提供1400万丹麦克朗的资金，主要用于创办新的报纸及在此过程中的花销、规划或重组机构等。冰岛的报业则只能享受增值税优惠。

除报业补贴外，国家干预还可能发生在关于广告的法规和所有权法规方面。挪威是世界上为数不多的颁布了《媒介所有权法》的国家之一。其他北欧四国则没有类似法规，对媒介所有权的集中也没有限制。

以往，除冰岛外，其他北欧四国的公共广播公司的收入来源都是视听费，但在2009年以后发生了变化。2009年，冰岛率先废除了视听费，转为普遍税收，2013年的标准大约为每人115欧元/年（见表1-2）。由于冰岛广播公司可以在广播和电视中播出广告，固定税的收入大约占该公司收入来源的2/3。2013年，芬兰政府对芬兰广播公司的融资方式也进行了改革。与冰岛不同，芬兰采用累进税的方式，根据个人收入的差异，每人每年需要缴纳50~140欧元不等的税费。冰岛和芬兰都对收入在一定额度以下的个人免征税费，冰岛还不对老年人征税。

表1-2 北欧各国公共广播公司的收入来源（2013年）

单位：欧元

国家 项目	丹麦	芬兰	冰岛	挪威	瑞典
融资方式	视听费	累进税	固定税/广告	视听费	视听费
费/税/年	315	50~140	115	350	241
谁来付费/税	家庭	个人	个人	家庭	家庭

资源来源：Laws-Åke. Engblom, "Public Service Financing in the Nordic Countries." in Ulla Carlsson (ed.) Public Service Media Frema Novdic Horizon: Politics, Markets, Programming and Users, p. 96.

在仍然征收视听费的国家中，都是按照家庭户收费。由议会决定视听费的额度，公共广播公司自行上门收取。只要拥有电视机的家庭，不论人口多少都需要缴纳视听费。但丹麦、挪威和瑞典三国征收的视听费的额度差距近年来不断增大,挪威的收费额最高,瑞典的最低。目前挪威是世界上视听费最高的国家,丹麦第二、瑞典第五。

在视听费的分配方面,这几个国家也有所不同。丹麦视听费的绝大部分分配给了丹麦广播公司,在1988年以后丹麦电视二台的地方节目也分得一定的额度。2007年,丹麦在视听费的分配方面又增加了一个"公共服务池",商业频道/频率在制作纪录片和戏剧类节目时也可以申请资助。2011年以后,一个私营的全国性广播频率Radio 24syn也获得了视听费资助。瑞典的视听费则依次分给瑞典电视台、瑞典电台和瑞典教育广播电视台。挪威只有一个公共广播公司,视听费分给挪威广播公司的不同部门,2013年,分给电视、广播、网站的比例分别为59%、30%、11%。

在公共广播电视机构是否可以播出广告的问题上,北欧五国的态度也有所不同。冰岛的广播电视自诞生之初就允许播出广告,目前广告收入占冰岛广播公司总收入的1/3左右。芬兰电视诞生之初就是双轨制,商业频道MTV(1993年后改称MTV3)在芬兰广播公司的两个电视频道上以"窗口"形式播出节目和广告。丹麦、挪威和瑞典的公共广播频率和电视频道则禁止播出广告,仅允许在某些重大体育赛事播出时接受赞助,且限制颇多。

网络媒体兴起后,关于是否允许公共广播公司在网站等新媒体中播出广告,各国的规范并不相同。目前挪威是唯一允许其公共广播电视公司在图文电视、网站和移动电视等新媒体上播出广告的北欧国家。

从表1-3可以看出,就对媒介的国家干预而言,北欧几个国家很难形成所谓的"模式"。以丹麦和挪威为例,二者除了不允许公共广播电视机构播出广告外,再难找到共同之处。

表1-3 部分北欧国家对媒介业的国家干预

项目	丹麦	瑞典	芬兰	挪威
选择性报业补贴	否	是	是	是
对媒介所有权的限制	否	否	否	是
公共广播电视台播出广告	否	否	是	否
图文电视和网站播出广告	否	否	否	是

资料来源:Johann Roppen, Anker Brink Lund and Lars Nord, Challenges to Scandinavian Public Service Broadcasting in Multimedia Market, Paper to RIPE.

（四）制度化的新闻自律

新闻自律作为新闻行业管理的重要手段之一，其核心内容就是要确立和实施新闻业的职业道德规范，以此作为准则、标准，来实现对新闻工作者职业行为的约束和行业自我约束。[①] 北欧是近代报刊的发源地之一，在对新闻工作者的道德规范方面起步较早。瑞典是世界上最早实行新闻自律的国家，早在1923年瑞典时评俱乐部就采用《报业伦理守则》作为发表新闻与评论的规范和依据。目前，北欧五国均已经形成了具有规范性的针对报刊、广播、电视等媒体的道德准则。

与其他一些确立了新闻自律的国家相比，北欧国家媒介从业人员的自律程度较高，且有独立于政府之外的媒介自律组织机构和评议委员会。多年来，北欧国家的发行人和记者协会在自行确立、管理的伦理规范中合作，不受国家干涉。

北欧国家的记者对待新闻伦理的态度没有太大分歧。但丹麦通过的《媒体责任法》将"健全的新闻伦理"正式立法，使丹麦成为北欧第一个也是唯一一个将媒体自律诉诸法律的国家，此举引来广泛争议和质疑。

二　北欧模式面临挑战

在大众媒介的黄金年代，北欧国家的大众广播和电视节目可以吸引大量的受众。但随着政治、经济、社会等多方面因素的变化，目前北欧媒介模式面临了相当多的压力，对其未来发展造成了重要影响。有研究者认为，北欧媒介模式开始出现向以英美为代表的自由主义模式转化的趋势。具体而言，北欧模式面临的压力来自以下方面。

（一）媒介全球化带来文化"泛美国化"

20世纪80年代以来，巨型媒介集团的全球化扩张成为媒介领域的重要现象和趋势。90年代以后，美国的时代华纳、新闻集团、迪士尼、维亚康姆等媒介巨头也开始在北欧地区开办电视频道。其后，时代华纳、新闻集团、迪士尼、NBC环球、维亚康姆和威望迪等国际传媒巨头都在北

[①] 魏永征、张咏华、林琳：《西方传媒的法制、管理和自律》，中国人民大学出版社，2003，第384页。

欧国家拥有了独立的演播室。贝塔斯曼在丹麦和瑞典有一个电视制作公司 Blu。维亚康姆也有一个瑞典分支机构，为总公司在该地区的电视频道出售广告和制作节目。① 与它们在世界其他地区获得成功不同的是，这些巨型企业集团在北欧国家的影响力较为有限。据瑞典《快报》（*Expressen*）报道，2006 年，在瑞典的六家跨国媒介集团公司的收入仅为 1.6 亿欧元。

在北欧市场上获得成功的是一些相对集中于一两个传媒领域的公司，其中最大的两家分别是英国的 Mecom 和德国的 ProSienSat.1。前者通过购买挪威的奥克拉传媒（Orkla Media），成为丹麦和挪威主要的报纸出版商，合计收入超过 8 亿欧元；后者则因在 2007 年收购了斯堪的纳维亚广播公司（SBS，现为 ProSiebenSat.1 的分公司）② 而成为广播电视业界的领导者。2008 年，意大利媒介公司 De Agostino 收购了在北欧和其他地区活跃的电视制作公司 Zodiak。其他在北欧国家有业务的外国企业集团还包括美国杂志出版商 IDG、加拿大的汤姆森（Thomson）公司和托斯达旗下的禾林出版社（Harlequin），它们也各自在资讯和流行小说出版方面具有优势。

除直接进军北欧市场外，泛北欧频道的出现与发展也是媒介全球化的重要佐证。所谓泛北欧频道，是在丹麦、芬兰、挪威和瑞典以语言或字幕的形式用本国语言播出节目的频道。开播于 20 世纪 80 年代末期，总部设在英国伦敦、面向北欧国家播出的卫星电视节目，以丹麦、挪威、瑞典观众为目标受众的电视三台（TV3）是第一个真正意义上的泛北欧频道。目前，两个著名的泛北欧频道公司分别是瑞典的现代时报集团（MTG）和斯堪的纳维亚广播公司。现代时报集团旗下有 TV1000 系列频道和 Viasat 系列频道；斯堪的纳维亚广播公司旗下则拥有新频道（Canal+）系列频道和声音（Voice）频道。TV1000 和 TV1000 电影频道在丹麦、挪威和瑞典分别开播于 1989 年和 1995 年，在芬兰开播于 1996 年。这两个频道一度因种种原因停播，后于 2004 年 9 月重新开播。

---

① Staffan Sundin, "Media Ownership in the Nordic Countries, in Eva Harrie, compiled", *The Nordic Media Market*, Göteborg: Nordicom, 2009.
② 斯堪的纳维亚广播公司是一家总部设在卢森堡，面向北欧国家播出广播电视节目的泛北欧公司。

除这些专门针对北欧的频道外，通过卫星电视和有线电视系统，北欧国家的电视观众还可以接收到动物星球、探索频道、迪士尼、欧洲体育台、尼克罗迪恩、CNN、国家地理等全球频道。但在全球频道和北欧频道之间，北欧观众更容易接受泛北欧频道。如斯堪的纳维亚广播公司模仿MTV开办的Voice TV在北欧五国的收视率超过了MTV。

由于北欧国家都属于小型国家，电视节目的制作成本较高。因此，北欧几国公共电视台和商业电视台都播出大量的外来节目。以冰岛为例，2004年，冰岛的三家商业电视台Stöð 2、Syn和Skjár播出的本国节目比例分别为20%、21%、14%，而同期这三家电视台播出的美国节目的比例分别为46%、33%、77%。在其他国家的电视节目中，外国节目的比例虽然没有冰岛这么高，但也相对较高。总体来讲，商业电视台播出的外国节目比例高于公共电视台。在播出的外国节目中，美国节目的比例又相对较高。2004年，芬兰四家电视台YLE TV1、YLE TV2、MTV3和Neloen播出的本国节目比例分别为67%、63%、57%、32%，播出的美国节目比例分别为10%、12%、37%、48%。在这些国家的商业电视频道中，观众可以看到有字幕的美国流行电视节目，如当时最流行的《犯罪现场调查》《绝望主妇》《实习医生格蕾》《绯闻女孩》等。以上两个国家的电视节目构成，无疑是媒介全球化的有力注脚。而美国电视节目的大量充斥，更使一些文化界人士开始担心随之而来的文化"泛美国化"可能对北欧国家传统的价值观念和文化传统造成何种影响。

（二）公共广播面临的经济压力

在20世纪80年代出现私营广播电视之后，北欧国家的公共广播公司逐渐面临多方压力，经济压力是其中很重要的一个方面。按照相关规定，公共广播机构除了在某些体育比赛转播中可以接受少量赞助外，不得播出广告。而广播电视视听费又不能无限制地增加，经费问题成为公共广播电视机构面临的重要问题。经费压力使公共电视公司在与商业电视公司争夺一些重大赛事转播权的竞争中败下阵来。

据挪威广播公司的人介绍，由于资金不足，近年来北欧国家的公共广播电视机构基本失去了世界杯足球赛（FIFA）这种纯商业运作的重大赛事的体育转播权，只能保留奥运会这样追求受众数量最大化和公民平等享有电视收看权的赛事的转播权。另外，由于电视二台也是欧广联成员，挪威广播公司在转播奥运会时，需要与电视二台进行一定的分享与合作。[①]

与多数欧洲国家相比，北欧国家对媒介广告的管理较为严格。各国的广播电视法对商业广播电视能够播出广告的数量和种类都进行了较为严厉的规定，如不得播出面向儿童的广告、不得在节目播出时间内插播广告、不得在某些广告中出现产品的名称等，各国都有专门的部门负责对广告的审查和监管，一旦发现违规现象，政府相关管理部门有权对其进行警告、罚款、指定时间停播、吊销执照等处罚。当然，这些管理和处罚对那些基地在国外的电视频道，如总部在英国、面向多个北欧国家播出电视节目的电视三台，则无效。目前电视三台从北欧国家的电视公司手中抢走大量的儿童食品、用品及酒类广告等。虽然一些社会有识之士担心电视三台播出的这些广告会对儿童产生不良影响，但各国政府的媒体监管部门对这种基于卫星电视传播的商业行为苦于无法规制而无能为力。

（三）付费印刷报纸迅速萎缩

从总体数量上讲，北欧五国的报纸数量基本保持稳定。2003年，北欧五国一共有623种报纸，10年后，这一数字为621种。其中每个国家的情况差异很大。从人均报纸拥有量来看，挪威报业的情况最好，丹麦的情况最糟。统计数字显示，2013年，挪威有229种付费报纸，平均2.2万人即有一种报纸。挪威报纸的规模一般较小，有一半报纸的发行量在5000份以下。同期丹麦只有34种付费报纸，平均16.5万人拥有一种报纸。同一时期，冰岛每2.9万人拥有一种报纸，芬兰每3万人拥有一种报纸，瑞典每5.8万人拥有一种报纸。

从报纸发行量来讲，北欧五国的报纸均出现明显的下降趋势。其中挪威和丹麦的报纸发行量近10年降低了40%，芬兰和瑞典下降了大约30%。

除报纸发行量下降外，报纸广告的流失也是当前北欧国家报业面临的问题之一。过去几十年，北欧国家的报业公司从广告市场获得的收入相当丰厚。近年来，免费报纸、互联网络和商业广播电视等都在不断蚕食印刷

---

① 笔者与挪威广播公司相关负责人面访所得资料。

报纸的广告。除芬兰外，其他国家报纸的广告收入都丧失了第一的地位。以瑞典为例，1989 年，瑞典印刷报纸的广告占整个广告市场的 3/4；到 2012 年，仅占广告市场的 1/4。与之相应的是，除挪威外，北欧其他国家的报业公司的利润均出现下滑。但挪威报业公司的利润增长不是开源，而是节流。数据显示，挪威记者的数量从 2008 年到 2013 年已经减少了 595 人。

（四）媒介集中化威胁新闻自由

多年来，北欧国家广泛认同言论自由和自由的新闻界是社会的基本必需品，媒介具有传承和发展国家文化和语言的催化剂功能这一观点。对于北欧国家这样的小型国家来讲，保持观点的多元化和新闻自由意义重大。

但是，在市场狭小、人口稀少的北欧国家，媒介企业要想获得生存，必须走连锁化发展的道路。因此，北欧各国的媒介集中化问题都比较明显。在芬兰、挪威、瑞典实行的对报业补贴和非商业广播电视的资助制度，就是政府为保持媒介多样性和观点多元化做出的政策选择。但从前面的分析我们也看到，报业补贴制度只是推迟了次级报纸消亡的时间，并不能从根本上解决问题。

进入 21 世纪，北欧国家的媒介所有权问题更为突出。北欧国家的媒介，尤其是纸质媒体和有线电视的所有权更多地集中在几家公司手中，如，芬兰规模最大的杂志和报纸出版商新闻集团（Sanoma）和最大的图书出版商 WSOY 合并后产生了全国第一大媒介公司 SanomaW-SOY；丹麦三大全国性报纸中，《日德兰邮报》（*Jy Uands-Posten*）和《政治家报》（*Politiken*）合并，《贝林时报》（*Berlingske Tidende*）则被挪威的奥克拉传媒收购；瑞典波尼尔公司（Bonnier）旗下的 SFBio 收购了已经亏损多年的影院连锁企业 Sandrew Metronome，使其市场份额从 69% 增至 80%，获得了近乎垄断的地位；挪威尽管有媒介所有权法的限制，三家最大的报业集团仍然拥有全国半数以上的报纸。2006 年，英国报业出版商梅科姆（Mecom）集团收购了挪威三大报业集团之一的奥克拉传媒，并将其更名为埃达传媒（Edda Media）。

在北欧国家大量的媒介并购中值得注意的现象是：随着越来越多的风

险机构入主传媒业，当新闻专业主义逐渐让位于利润，从而使经济增长成为报业第一要务时，新闻自由如何得到确保和体现？当外国媒介所有者从收益的角度出发裁减员工、像免费报纸那样采用通讯社内容或报业集团内部共享新闻时，地方报纸如何保持其独立性和差异性？

（五）新兴媒体分流传统受众

尽管北欧人阅读报纸的比重较大，但受众老化的问题日益严重，北欧传媒研究中心所做的调查显示，过去20年间，所有北欧国家的报业都出现了不同程度的衰退：1997～2007年，丹麦、芬兰、冰岛、挪威、瑞典的报纸发行量分别下降了27%、6%、17%、14%、11%；1997～2007年，丹麦、芬兰、冰岛、挪威、瑞典的报纸千人拥有量分别下降了30%、9%、28%、19%、13%。与之相应的是，北欧国家受众用于广播收听和电视收视的时间也在下降，以广播为例，2008～2013年，瑞典听众每天用于广播收听的时间竟然下降了近40分钟（见图1-2）。

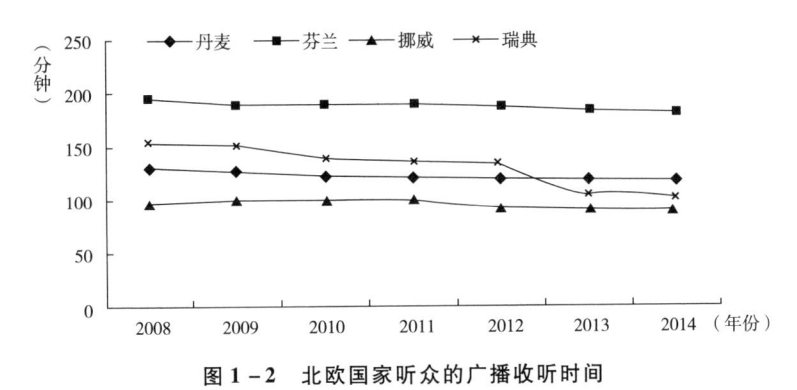

图1-2 北欧国家听众的广播收听时间

资料来源：TNS Gallup Denmavk，Finnpanel，NRK/TNS Gallup Novway，Nordicom-Sweden。

与传统媒体受众的流失相反，互联网的使用者数量增长较快。2008年，丹麦、芬兰、挪威、冰岛四国每天上网的人所占比例分别为71%、66%、72%、69%，欧盟27国的平均数为43%；北欧四国每周上网的人所占比例分别为80%、78%、86%和83%，欧盟27国的平均数为56%。早在2007年，冰岛每天上网的人所占比例就已经超过80%。尽管各年龄段的互联网使用者都在增加，但年轻人的增加更为明显。相比较而言，44岁以下使用互联网的人占比较大、增长较快，而年龄较大的人则更倾向于选择传统媒体。调查显示：挪威71%的人订阅报纸，其中，67～79岁的人订阅报纸的占86%，20～24岁的人订阅报纸的仅占39%。①

从网民的网络行为方面讲，尽管这些网民上网最主要的目的是收发邮件，但上网阅读网上报纸和杂志以及收听网络广播和收看网络电视的比例也相对较高，且涨幅明显。2003年，丹麦、芬兰、冰岛、挪威和瑞典网民上网阅读报纸和杂志的比例分别为32%、32%、60%、54%、30%，2007年增长为47%、50%、67%、68%、43%，欧盟的平均水平仅为21%；2003年，丹麦、芬兰、冰岛、挪威和瑞典网民上网收听网络广播和收看网络电视的比例分别为12%、10%、17%、17%、15%，2007年增长为34%、24%、48%、37%、33%，欧盟平均水平为15%。2014年，北欧各国用户的网络活动依次为：看新闻；使用推特、脸书等社交媒体；下载游戏、图片等；在线听广播；在线游戏；绝大多数网络活动的使用频率均超过欧盟28国的平均水平（见图1-3）。

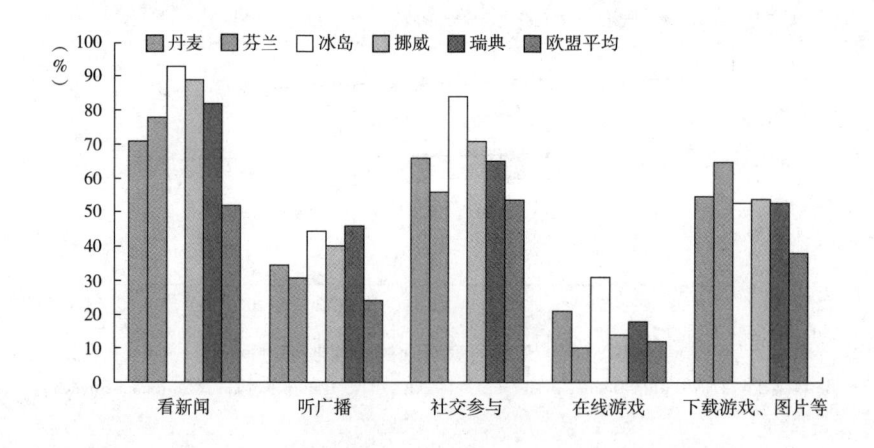

图1-3 2014年北欧国家网络用户的网络行为（16～74岁）

斯堪的纳维亚国家人群使用的社交媒体中，既有谷歌（Google）、脸书（Facebook）、推特（Twitter）、YouTube这样的全球化社交媒体，也有

---

① Continued growth in Internet use，http：//www.ssb.no/english/subjects/07/02/30/medie_en/.

本土化的社交媒体。其中，脸书是在斯堪的纳维亚国家最受欢迎的社交网络；推特在斯堪的纳维亚半岛日益深入人心，其中瑞典一直使用@Sweden账户；YouTube是斯堪的纳维亚地区访问量排名第四的网站。

（六）国家干预与欧盟媒介规范冲突

北欧国家中的丹麦、瑞典和芬兰已经加入欧盟，它们现有的媒介管理法规与欧盟规范之间的冲突开始日益显现。比如，北欧国家对电视广告的要求比欧盟规范严格。在北欧，即便是商业电视频道也不允许播出酒类广告以及针对儿童的广告。而面向北欧播出的卫星电视频道由于公司总部在英国或卢森堡等西欧国家，北欧国家媒介政府管理部门无法对其进行规制，不但形成了跨国卫星电视与本国商业电视之间的不平等竞争，而且可能对本国儿童电视观众带来不良影响。瑞典多次要求欧盟在修改《电视无国界》指令时须以言论自由和电视公司间的健康积极竞争为基础，但直到2007年5月，欧洲联盟国家文化部长会议才达成修改《电视无国界》的指令（该指令于同年11月被欧洲议会通过），确认欧盟各成员国可以在国内适用比《电视无国界》指令更加严格的监管规则。

但另外一些问题的解决就没有这么容易了。如前所述，报业补贴是北欧媒介政策的重要内容之一。按照北欧国家的观点，报纸是维护言论自由和新闻多样化的最重要的工具，对报业实行补贴并不完全是对报业所有者的保护，而是促进和发扬民主的需要。因此，尽管从20世纪60年代开始实施的报业补贴制度曾多次遭受质疑，但仍得以保持下来。

事实上，对报业进行补贴也并不是北欧国家独有的行为，法国、比利时、奥地利、希腊、意大利、卢森堡、西班牙等国都有针对报业的部分或全部免除增值税（VAT）的间接补贴制度。但北欧国家除间接补贴外，还有针对部分报纸的直接的选择性补贴，因而引发了欧盟国家的关注和争议。

2006年夏天，欧洲竞争委员会开始关注瑞典的报业补贴，关注的焦点不在于补贴的原则或规模，而在于背后的公平问题。瑞典文化部在申请2008年预算的报告中指出，政府与欧洲委员会就瑞典报业补贴的对话开始于2007年春，目前仍在继续。政府的出发点是捍卫报业资助制度，但也会对规定进行部分修改以保证其与竞争和政府资助的基本原则一致。

2007年初，瑞典向欧盟提供了关于报业补贴的市场效果的报告，目前，瑞典政府与欧盟的对话仍在继续。

三 北欧国家的媒介合作与扩张

五六十年前是北欧媒介的辉煌时代，大众化的广播电视频道吸引了大量受众。在今天，媒介的碎片化、个人化以及经济、技术、政治因素都给北欧模式带来了压力。由于技术的原因——数字广播电视基础设施价格昂贵——使北欧国家的政府可能允许私人企业加入。在数字媒介时代，人们的政治和思想意识将明显受到技术和经济的引导，这将使北欧模式受到威胁。如何在传播数字化、全球化的时代保持媒介的多样性、传承本国语言和文化、维护言论出版自由以及提高对文化"泛美国化"的抵御能力等问题都需要进一步探索。

（一）北欧国家政府和媒介组织间的合作

为应对来自北欧以外的文化的影响，北欧国家的选择一方面是增加自己的频道和播出时间，另一方面是加强北欧国家内部的合作，积极探索联盟和开办泛北欧频道。

北欧国家维护自己的文化传承的历史由来已久，研究北欧媒介发展史可以发现，北欧国家开办电视基本上都是出于防范其他国家电视的影响而采取的应对之策，北欧国家开办第二套广播节目和第二套电视节目同样是为了迎接挑战。从某种程度上讲，北欧国家的策略是成功的。与欧洲其他实行双轨制的国家相比，北欧几国公共广播电视的市场占有率和收听份额、收视份额均远高于欧洲平均水平。另有受众调查显示，在国内电视节目和国外电视节目中，北欧国家的电视观众更青睐本国的电视节目。外国电视频道的收视率只有在本国电视台的播出结束后才会明显提高。

为了更好地对北欧范围内的节目进行整合和利用，1959年，丹麦广播公司、芬兰广播公司、挪威广播公司和瑞典广播公司发起成立了北欧地区非营利性的新闻及其他电视节目的交换组织——北欧电视机构（Nordvision，简称NV）。冰岛广播公司于1966年加入，1963~2004年该机构合作、交换和购买的节目数量如图1-4所示。北欧电视机构可以说是欧洲地区最高效的电视联盟，覆盖5个国家的2300万人口和1300万家庭，2004年全部节目流量为2523小时，其中1229小时为免费交换节目。此外，每天还有免费的体育节目和新闻报道，大约有300个合作单位制作纪录片、儿童节目、戏剧和教育节目。该公司作为一个公司联合机构，运营方式非常简单，由5个成员单位的总经理碰面决定预算、批准账目等。在两年一度的北欧电视机构年会上，电视部门的负责人处理活动、决定提交给总经理的建议和报告、决策合作的项目。北视秘书处负责处理不同层面和团体的沟通、监督交换和合作活动、提供统计数字和信息，并兼任有线电视基金的秘书处。北视有线电视基金每年大约投入700万~800万欧元用于北欧电视机构的合作节目，主要是戏剧和青年节目。

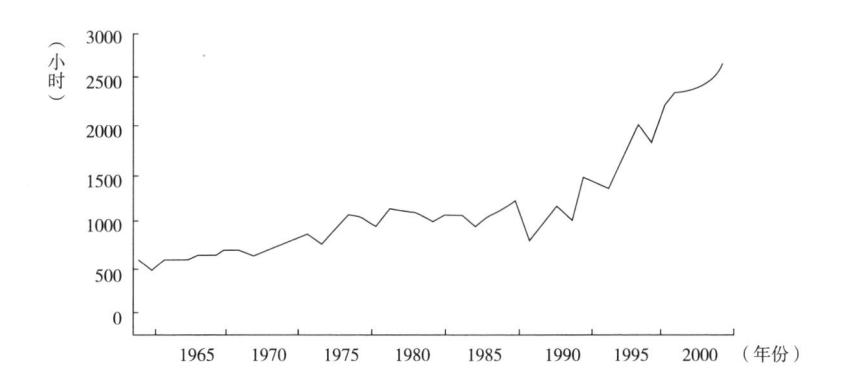

图1-4 北欧电视机构1963~2004年合作、交换和购买的节目数量

资料来源：Nordvision, *Public Service Broadcasting in the Nordic Countries*, Helsinki: Nordvision, 2005, p.20.

除北欧电视机构外，北欧国家间的媒体合作还有北欧影视基金会（该基金会成立于1990年，意在提高北欧五国影视作品的质量，向电影、电视剧和富有创意的纪录片提供资助）和北欧理事会文学奖（该奖项旨在激起人们对邻国文学和北欧文化的兴趣），用以维护和传承北欧文化。

（二）媒介公司泛北欧运营和世界性扩张

多年来，媒介相互拥有是北欧国家媒介业的重要特征，丹麦的艾格蒙特（Egmont）、挪威的斯蒂伯斯蒂（Schibsted）、瑞典的波尼尔等媒介集团都在其他北欧国家拥有媒介产业。20世纪90年代后，这些媒介集团的触角从北欧逐渐伸向相邻的西欧、东欧，乃至向其他大洲扩展。

其中，挪威的三家媒介集团在波罗的海沿岸国家和东欧国家的扩张较为明显。

艾达传媒的前身奥克拉传媒是挪威较早向外扩张的公司。奥克拉传媒于1990年在波兰西南部城市弗罗茨瓦夫创办了一张报纸；1991年拥有了当地一家报纸33%的股份；1993年购买了当地4家报纸；1994年又收购了当地2家报纸。到1998年，该公司共拥有爱沙尼亚11家报纸的股份，全资控制了立陶宛发行量最大的地方性报纸，拥有乌克兰发行量最大的地方报纸50%的股份。此外该公司成立了奥克拉报业部，统一管理对东欧媒体的投资，具体管理9家波兰报纸、一家立陶宛报社、一家乌克兰报社等。

挪威第一大媒介公司斯蒂伯斯蒂的扩张晚于奥克拉传媒。无独有偶，该公司最先进入的波罗的海国家也是爱沙尼亚。该公司认为，爱沙尼亚人有读报纸的良好习惯，居民的受教育程度较高，爱沙尼亚即将成为欧盟的成员，这些都是有利于投资的环境因素。该公司于1995年进行了试探性投资，拥有当地一家媒体少量的股份。在取得了一定的经验后于1997年正式进军爱沙尼亚，目前已拥有爱沙媒体（ASEestni Media）93%的股份，成为爱沙尼亚传媒的主导力量。爱沙媒体现有雇员1000人，出版两种全国性报纸、9种杂志和5种地方性报纸。

挪威另一家报业集团阿普雷森（A-pressen）则主要到俄罗斯投资。该集团拥有俄罗斯3家报纸25%~49%的股份。

进入21世纪以来，一些较大的北欧媒介集团将目光投向更广阔的区域，通过在北欧地区以外投资扩大势力范围。最大的交易无疑是芬兰的新闻集团收购了荷兰最大的杂志出版商荷兰联合出版集团（VNU），由此成为芬兰、荷兰、比利时、匈牙利和捷克具有领先地位的杂志出版商；2006年，挪威的斯蒂伯斯蒂公司以巨资收购了主要在法国、西班牙和意大利经营的分类广告公司Classified Media；瑞典的波尼尔公司通过收购3家杂志出版公司和1家出版社，使美国市场成为其在北欧地区以外最重要的市场，该公司还在东欧国家出版了一系列商业报纸并且是德国图书出版的重要一员；瑞典的斯坦贝克（Stenbeck）公司旗下的现代时报集团着力于东欧国家的电视市场，该公司旗下的另一家公司——地铁国际公司（Metro

International）则在世界上的 20 多个国家开办免费报纸；丹麦的艾格蒙特公司获得授权，在欧洲、亚洲和北美的 20 多个国家发行纸质迪士尼产品，如著名的《唐老鸭》杂志。

值得注意的是，这些主要的北欧媒介集团虽然在北欧市场上短兵相接，但尽量避免海外市场的直接竞争。比如说，芬兰新闻集团和波尼尔集团都在多个市场上收购和发展期刊出版业，但它们选择了不同的细分市场：芬兰新闻集团近年主要在东欧国家出版大众化的消费杂志，波尼尔集团则主要面向北美细分专业期刊市场。据波尼尔集团首席执行官特里·斯诺（Terry Snow）说，该集团的目标就是要在未来二三十年里，成为美国和欧洲最优秀的特殊兴趣类杂志出版商之一。

第二章 印刷媒介的发展与报业转型

如前所述，尽管北欧国家都属于传统意义上的小型国家，但从报业发展角度而言，无疑都属于报业大国。目前北欧五国的报纸千人拥有量均居世界前10名，其中挪威在2005年之前一直位列世界第一，目前也仅居日本之后名列第二。在世界报业协会2008年的排名中，挪威报纸的千人拥有量排名第二，芬兰、瑞典紧随其后，报业发展相对较差的冰岛和丹麦也分别排名第13名和第15名。随着网络媒体的兴起和发展，以及2008年以来经济危机的影响，北欧国家的报业衰退也日益明显，但与世界其他地方的报业相比，北欧国家的报业发展情况还算良好。因而有人将北欧国家称为"报业天堂"。

是什么促进了北欧国家报业的发展？民众普遍较高的受教育程度、良好的读报习惯只是硬币的一面，背后是否还有其他原因？一方面，来自政府的报业补贴制度在一定程度上促进了报业的多元化，使一些针对少数族群或者少量读者的报纸也有生存下去的可能。另一方面，免费报纸和网络的冲击对北欧国家的报业结构调整和变革有着不可忽视的影响。

第一节 传统报业的产生与发展

北欧是世界报业的发源地之一。北欧国家报业的产生与发展与其特殊的地理环境和文化背景密切相关。一方面，北欧国家较早实行了义务教育制度，公民的识字率普遍较高，形成并至今保持了良好的阅读习惯；另一方面，由于北欧国家地形的影响，地方报纸很容易获得生存的机会和可能。因此，尽管近年来从出版报纸的总数讲，北欧国家的变化并不算大，但从报纸的发行量、读者数量和广告收入方面讲,报业受到的挑战还是相当明显的。一些针对普通大众的通俗报纸的发行量下降非常明显,越来越多的年轻人放弃阅读传统印刷报纸而转向网络阅读或移动终端阅读,对报业来讲最致命的是广告主越来越不认可传统报纸的投资价值。

北欧国家的报纸有两种类型,一种是付费报纸,另一种是免费报纸。付费报纸又可以分为全国性、地区性和地方性报纸,免费报纸可以分为免费日报和免费非日报。其中芬兰和挪威的付费报纸数量多,丹麦和冰岛的免费报纸多。付费报纸中,芬兰、挪威、瑞典的地区性和地方性报纸所占比例高,丹麦的全国性报纸所占比例高。

一 丹麦

(一)丹麦报业的产生与发展

由于靠近德国,丹麦报业受德国影响较大。丹麦早在1642年就出现了活页报纸。1634年,丹麦出现了一份模仿德国报纸的内容和版式出版的周报,这份由皇室授权出版的报纸是丹麦第一份真正意义上的报纸。像当时大多数的丹麦报纸一样,该报在1750年以前都是德国报纸的翻版。此后,报纸在丹麦一些大的城镇相继出现。丹麦政府在1848年以前通过特权、检查和各种限制控制报纸、杂志的出版,包括禁止在报纸和杂志上进行公众讨论等。由于严格的政治审查和许可证控制,丹麦的报纸几乎从不报道外国事务、贸易、凶杀等奇闻轶事,也限制公众在报刊上展开辩论。

1749年1月3日,丹麦印刷工E.H.贝林在哥本哈根创办了主要刊登丹麦王室的官方公告的报纸《贝林时报》(见图2-1)。该报目前是丹麦三大报纸之一。

1767年,在丹麦经济发达的日德兰半岛出现了丹麦第一份地方性报纸《奥尔登报》(Aalborg Stiftstidende)。

图2-1 《贝林时报》的早期版面

1849年以后，丹麦报业进入了高速发展阶段，这主要得益于丹麦多个方面的发展。首先，宪法和法律保障新闻自由，国家放宽了对报纸的管理和检查。继1849年《丹麦宪法》提出"新闻自由"之后，丹麦政府又于1851年制定了《新闻法》，从法律上对报业的发展给予保障。其次，丹麦自1814年开始推行《学校法》，规定对全国年满7岁的儿童实行七年制义务教育，这一旨在提高丹麦人文化素养的举措为丹麦报纸带来了大量的读者和潜在读者。最后，随着丹麦经济的发展，越来越多的人有能力花钱购买报纸，再加上丹麦人工作时间的减少，使丹麦人既能够买得起报纸，又有时间阅读报纸。此后，丹麦报业发展的势头一直较好。

自19世纪40年代开始，丹麦政府逐步放宽了对开办报纸的各种限制，丹麦各政党也日益认识到报纸可以成为党派斗争的工具。于是，当时丹麦的四个主要政党——保守党（Det Kouyservative Folkeparti）、社会自由党（Det Radikale Venstre）、社会民主党（Socialdemokratiet）和自由党（Venstre）各自开办了自己的全国性报纸，成为其所代表的利益团体的一部分。丹麦报业发展的这一时期后来被称为"四报纸体系"（Four Paper System）时期。

需要说明的是，虽然自19世纪40年代开始以上四个主要政党就在各地发行报刊，但最初大多数报刊都隶属于保守党，或者与保守党保持着密切的联系。1865~1985年，自由党获得了丹麦各地50多个地区报刊的支持。1872年之后，社会民主党的报刊随之而来，社会民主党拥有大约20家相关报刊。1905年，哥本哈根的《政治报》等20多家报纸相继成为社会自由党的党报。

20世纪前半叶，随着新闻专业化的发展，丹麦报业为吸引读者、扩大发行量，不断淡化其政治色彩，开始提供更多的独立新闻。但与芬兰报纸公开宣称自己无党派不同，丹麦报纸的党派色彩仍然较重。这一时期，一些地区性报纸开始逐渐报道地方新闻。

1905年，利克·卡夫林（Henrik Cavling）在学习了美国的办报经验后重组了丹麦第三大报纸《政治报》（Politiken），将办报重点从党派政治、言论、文化论争转向覆盖当地新闻、金融和社会实践、专题报道和读者服务方面，减少了政党政治的内容。此举立即引发了新的办报潮流，

《贝林时报》等丹麦报纸纷纷效仿《政治报》的方式对内容进行改革。第一次世界大战期间，丹麦首都哥本哈根的几乎所有的报纸都借鉴了《政治报》的改革经验。

1926年，丹麦出现了广播后，报纸一家独大的情况开始改变。20世纪30～70年代，丹麦的众多报纸经历了向各地区最有活力的报纸集中的过程，许多报纸尽管有政党和机构的津贴支持，还是不可避免地衰落甚至倒闭了。

第二次世界大战结束后，丹麦许多报业公司因生产设备陈旧或者损坏需要重新购置，新技术出现也使报社需要对设备进行升级换代，这大大增加了报业的财政危机。丹麦经济在20世纪50年代中期迅速发展，由于许多消费和娱乐占据了读者的时间和金钱，因而报纸间的竞争变得更加激烈。与此同时，来自广播、电视等新兴媒介的竞争压力也有所增加。

20世纪60年代初，丹麦报业公司大量倒闭，宣告了"四报纸体系"时代的结束。这一时期，地方垄断报纸开始出现，每个主要城市的报纸由原来的三四家减少为一家，地区最有活力的报纸渐渐垄断了报业市场，"一城一报"的现象日益普遍。为应对竞争，丹麦地方报纸尤其是免费发放的地方报纸增加了报道的内容，全国性报纸购买或者开办了地区性周报，以在获得广告收入的同时防止进一步的竞争。

20世纪90年代以后，世界报业普遍呈下降趋势，但丹麦报业的萎缩开始得更早。第二次世界大战结束以后，丹麦人口获得了增长，但报纸的数量和发行量一直在持续下降，近十几年表现得尤为明显（见图2-2）。丹麦报纸在1945年有123家，到1982年降为47家，2002年更是降为29家；报纸发行量在1945年为170万份，1982年为180万份，2002年则为140万份；1910～1955年，丹麦报纸的家庭覆盖率为100%，即每个家庭拥有一种以上的报纸，目前这一数额已降至60%左右。在首都哥本哈根地区，报纸的数量已从1945年的13家下降到1982年的10家，2002年更降至7家。

即便是丹麦发行量最大的报纸，近十几年的发行量也明显呈下降趋势，其中以小报 *B. T.* 和《号外》（*Ekstra Bladet*）的下降尤为明显。小报的萎缩在很大程度上是由于丹麦在1988年打破了电视垄断，并且在1990年开始出现卫星电视后，性、暴力和皇室流言等内容已不再是小报的"专利"，电视抢走了小报的读者。20世纪90年代中期，尤其是进入21世纪以来，免费

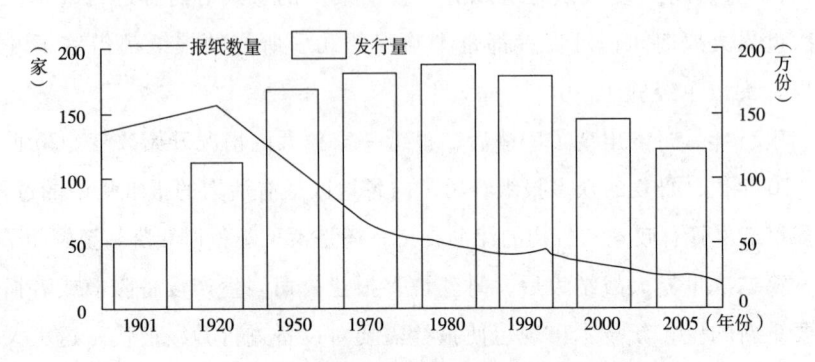

图 2-2 丹麦独立报纸数量及发行量
资料来源：丹麦统计局。

日报的兴起和互联网的普及等更进一步加剧了小报读者的流失和报业的结构性萎缩。2008年全球经济危机的出现以及近年来媒介融合和转型的提速，使丹麦报纸的订阅数量迅速减少（见表2-1）。2011年以后，平日版报纸的千人发行量在100份以上的印刷报纸已经消失。《日德兰邮报》和《贝林时报》等重要报纸的发行量在不断减少。但与全国性报纸不同，地方报纸的萎缩速度相对较慢，有的地方报纸的发行量甚至有所上升，如2006~2010年 Børsen 的发行量有所上升。

表2-1 丹麦发行量最大的5种报纸的工作日发行量变化

单位：份/千人

年份 报纸	1997	2000	2003	2006	2007	2008	2009	2010	2011	2012	2013	2014
《日德兰邮报》	176	179	158	143	140	129	120	112	104	97	85	84
《贝林时报》	153	154	130	123	124	113	103	101	101	90	82	76
《政治报》	146	138	133	122	116	110	108	103	99	98	92	90
《号外》	165	132	115	108	98	91	84	74	67	59	52	45
《B.T.》	145	125	112	93	87	84	75	68	67	59	53	47

资料来源：丹麦统计局。

需要指出的是，丹麦报业格局的变化值得关注。

第一，尽管近年来报纸周日版的发行量也下降明显，但仍高于平日版。如丹麦三大报纸中，《日德兰邮报》周日版2007年的发行量为189

份/千人，2014年为109份/千人；《政治报》周日版2007年的发行量为149份/千人，2014年为117份/千人；《贝林时报》周日版2007年的发行量为142份/千人，2014年为87份/千人。

第二，与全国性报纸的普遍衰退不同，地方报纸的萎缩速度非但不明显，有的地方报纸的发行量甚至有所上升。为防止广告费外流，一些地方报纸在当地开办了免费周报，与付费报纸一起发行。

第三，尽管免费报纸的发行量普遍高于印刷订阅报纸，但仍较早迎来了倒闭潮。2006年秋，冰岛报业公司出版的免费报纸 Nyhedsavisen 进入丹麦市场，并掀起"免费报纸大战"，但该报目前已退出了丹麦报业市场。一些传统大报开办的免费报纸已经销声匿迹，坚持最久的《24小时》于2013年3月22日停刊，停刊前的发行量仍高达130份/千人（见表2-2），高于发行量最大的付费报纸。

表2-2 《24小时》发行量

单位：份/千人

时间	2008年	2009年	2010年	2011年	2012年	2013年
发行量	246	180	138	154	147	130

资料来源：丹麦统计局。

（二）丹麦的报纸类型

与北欧其他国家相比，丹麦报纸的种类和发行量都相对较少。丹麦的报纸可以归纳为全国性大报、小报，地区性报纸和地方性报纸等几个层次。丹麦付费报纸的市场自20世纪后半期就在不断萎缩。与挪威、瑞典、芬兰的地区性和地方性报纸的强势不同，丹麦的全国性报纸表现较好，在现有的34家报纸中，8家为全国性报纸。与之相应的是，丹麦付费报纸的低渗透率为免费报纸提供了较大的发展空间。

1. 全国性报纸

丹麦的全国性报纸有3家日报，分别是《日德兰邮报》《政治报》《贝林时报》。除《日德兰邮报》在奥胡斯出版外，其余两份基本上都在丹麦首都哥本哈根印刷并在全国发行。

全国性小报两份，分别为 B.T. 和《号外》，平日发行量分别为9.5

万份和10.7万份；周日发行量分别为14.1万份和14.35万份。

2. 地区性报纸

丹麦地区性周报的数量在20世纪70年代中期增加，随后不断减少，但总的发行量不断增加，尤其是平均发行量更大。这主要是因为多数地区周报在它们覆盖的地区部分垄断并获得了强势地位。在丹麦，大约2/3的地区性报纸归报社所有。地区周报的家庭覆盖率接近100%。丹麦80%~90%的成人阅读地区性报纸，有的家庭一周阅读一份以上此类报纸。调查显示，丹麦28%的人口（年龄在13岁以上的）认为，这些地区报纸是他们重要的地区信息来源。[①]

3. 传统免费报纸

除31种付费订阅的报纸外，丹麦还有235种免费发放的地区性报纸，这些报纸的每周发行量在500万份左右。这些免费报纸与1995年以后在世界上流行的《地铁报》不同，是丹麦报业市场上一直存在的一种报纸类型，可以称为"传统免费报纸"。这类报纸通常有20%~30%的内容是编辑而成的，主要是地方事务报道，每周主要报道一两个地区部门；报纸以广告为收入来源，在商店和居民区发行，或者由报纸发行员投递到公众的信箱中，每周发行1~2次。

4. 新型免费报纸

2001年秋，一些原《日德兰邮报》的记者与瑞典地铁报国际公司合作创办了免费报纸 *MetroXpress*。很快，丹麦境内出现了一系列类似的免费日报，并且从首都哥本哈根扩展至全国大部分地区。《贝林时报》《日德兰邮报》等传统报业公司也推出了自己的免费报纸，相继创办了《城市》（《贝林时报》创办）、《今天》（《贝林时报》创办）、《24小时》（《日德兰邮报》创办）等免费报纸。2008年，《24小时》和《城市》的千人发行量曾分别高达246份和208份，比其母报《日德兰邮报》（129份）和《贝林时报》（113份）的发行量高出近一倍。2008年之后，受经济危机影响，这些以广告为经济来源的免费日报生存艰难，相继停办。2012年，

[①] 明安香：《北欧五国大众传媒概况》，载明安香主编《全球传播格局》，社会科学文献出版社，2006，第99页。

《城市》停办，停办前为丹麦发行量最大的报纸，发行量为37.6万份，高于发行量最大的付费报纸《政治报》（发行量34万份）。到2014年，除 MetroXpress 外，其他免费日报已全部停办。

（三）丹麦主要报业公司

丹麦的报业市场被两家大型报业公司主导，一家是日德兰邮报/政治报公司（JP/Politikens Hus A/S），另一家是贝林传媒（Berlingske Media）。这两家公司分别拥有丹麦三份大型的全国性报纸《日德兰邮报》《政治报》《贝林时报》。这三份报纸都有着悠久的办报历史和巨大的影响力，创办时间最晚的《政治报》也已经有130多年的历史，《贝林时报》的创办时间则可以追溯到18世纪。

1. 日德兰邮报/政治报公司

该公司是丹麦第二大报纸和第三大报纸合并的产物。2002年，《日德兰邮报》与其竞争对手《政治报》合并成立了日德兰邮报/政治报公司，两家公司各占50%的股份。2003年，该公司和丹麦著名的小报《号外》合并为一家公司。由于政治理念不同，三家报纸坚持各自独立编辑的方针，总编辑由各自原先的所有者基金会任命。

（1）《日德兰邮报》。《日德兰邮报》在1871年10月2日创办于丹麦第二大城市奥胡斯的郊区，原为 *Jyllandsposten*，1969年改为现名。该报创刊不久便成为日德兰岛最现代化的报纸。由于该报享有在晚9~12点使用政府电报线路的特权，使其可以比大多数竞争者早一天刊登新闻。随后，该报渐渐加大了版式、增加了版面。20世纪二三十年代，《日德兰邮报》的编辑路线为右翼保守党报纸。在第二次世界大战期间，尽管丹麦有报纸检查和纸张配额制度，但该报的发行量仍然翻番。战后，该报的编辑路线转为经济自由主义。1954年，该报成为丹麦第一份刊登彩色照片的报纸。

1982年，《日德兰邮报》的周末版成为丹麦发行量最大的周末报纸。该报在丹麦最大的10个城市建立了分支办公室。20世纪80年代，《日德兰邮报》不断增加海外记者站，在世界上有20名以上的驻外记者。1994年至今，该报平日版的发行量一直居丹麦报纸之首。

1996年，《日德兰邮报》开办了网站 www.jp.dk，印刷报纸订户可以下载近年来的 PDF 版本的报纸，目前该网站是丹麦访问量最大的网站。

2005 年的"穆罕默德卡通事件"使《日德兰邮报》受到了世界关注。该报 2005 年 9 月刊登的 12 幅关于穆斯林和穆罕默德的漫画引发了丹麦穆斯林的抗议。2006 年，全世界穆斯林开始反对该报。该报被指控滥用新闻自由，并导致利比亚、沙特阿拉伯等国家从丹麦撤出了大使馆，一些伊斯兰国家还出现了消费者抵制丹麦产品的事件。

（2）《政治报》。《政治报》在 1884 年创办于丹麦首都哥本哈根，是一份擅长新闻专题和文化报道的"左派"报纸，其政治评论和文化评论尤为著名，商业报道相对较弱。该报的摄影作品非常有名，有不少摄影作品都是世界新闻摄影大奖（"荷赛"）的获奖作品。《政治报》是丹麦发行量第二大的报纸。2002 年，该报与《日德兰邮报》合并为丹麦第二大媒介公司——日德兰邮报/政治报公司。由于两家报纸的政治主张不同，各自坚持独立编辑的方针。

2. 贝林传媒

1749 年 1 月 3 日，丹麦印刷工 E. H. 贝林在哥本哈根创办了主要刊登丹麦王室的官方公告的报纸《哥本哈根丹麦邮递新闻》，后改为《贝林时报》。该报最初的读者只有 800 人，每周出版 2 期。1831 年改为日报。

在丹麦三大报纸中，《贝林时报》相对保守，主要报道经济、政治和文化等。该报重视报道国际新闻，强调严肃的新闻写作，并在丹麦报纸中首创了文艺版。该报的读者主要为社会中上层人士。

20 世纪 70 年代中后期，受纸张价格不断上涨、邮费和运输费用大幅增加以及报纸发行量下降等因素影响，《贝林时报》出现了严重亏损，几乎停办。后因其及时调整办报方针及缩减各项开支，才得以起死回生，继续保持丹麦三大报纸之一的地位。

2000 年，挪威报业公司奥克拉传媒收购了《贝林时报》及其出版社 Det Berlingske Officin。2006 年，因奥克拉传媒被出售给英国投资公司 Mecom，公司再度易手，并更名为贝林传媒。贝林传媒旗下的报纸除《贝林时报》和小报 B. T. 外，还包括丹麦唯一一个在全国发行的周报 Weekendavisen 以及一系列地区性报纸。

在 2006 年的丹麦免费报纸大战中，贝林传媒相继推出了《今日》和

《城市》以应对挑战，目前两份报纸均已停办。但该公司旗下仍有几十份地方免费周报。

二 芬兰

（一）芬兰报业的产生与发展

由于历史原因，芬兰的报纸发端于瑞典语报纸。1771年1月15日，在当时的芬兰首都图尔库出现了芬兰第一份报纸 Tidningar Utgifne Af et Sällskap i Åbo（意思是图尔库的社团出版的报纸），简称《图尔库新闻》（Åbo Tidningar）。当时芬兰还是瑞典的一部分，因此该报是一份瑞典语的周报（1778年停办）。

第一份芬兰语报纸《芬兰信息新闻》（Suomenkieliset Tieto-Sanomat）同样出现在图尔库。这份报纸的编辑和出版者是图尔库附近的一位传教士，该报仅在1776年存活了一年就消亡了。① 此后，芬兰出版的各种报纸都是瑞典语报纸。直到1820年，芬兰才出现了第二份芬兰语的报纸。

1827年，图尔库发生了一场大火。大火过后，芬兰的大学和行政中心搬迁到了靠近圣彼得堡的赫尔辛基，新闻出版业的中心也由图尔库变为赫尔辛基。两年后，赫尔辛基出现了第一份报纸。

19世纪早期，芬兰报纸的读者和潜在读者都是讲瑞典语的上层人士，直到19世纪40年代开始大量出现芬兰语报纸，这种情况才开始发生变化。1878年，用芬兰语出版的报纸的数量开始超过瑞典语报纸。尽管芬兰语报纸在数量上超过了瑞典语报纸，但由于瑞典语报纸的主要读者是更加城市化和受教育程度更高的人群，因此它的出版频率比芬兰语报纸密集。这种情况直到1890年以后才有所改变。从19世纪80年代到20世纪70年代，芬兰境内的瑞典语报纸的数量一直没有太大变化。

1894年，芬兰西南部的一个村子里出现了芬兰最早的地方报纸 Tyrvään Sanomat，该报由当地的一个小学教师创办，只面向该社区的居民。② 该报

---

① Raimo Salokangas, "From Political to National, Regional and Local: The Newspaper Structure in Finland", *Nordicom Review* (1999): 77.
② Raimo Salokangas, "From Political to National, Regional and Local: The Newspaper Structure in Finland", *Nordicom Review* (1999): 77.

每周出版3次，1997年的发行量为8700份，1998年停办。

芬兰地方报纸早期的创办者一般是老师、银行职员和其他地方机构的成员，直到第二次世界大战之后，商业化地方报纸才开始占主导地位。芬兰大众化报纸的数量在20世纪30年代达到顶峰，地方性报纸使报纸总数得以增加。地方报纸的数量在20世纪50年代超过大众化报纸。

1919年，芬兰制定了《表达自由法》，芬兰人可以在城市以外的其他地方建立印刷厂。1921年，芬兰通过了《全民强制基础教育法》，芬兰人的识字率进一步提高，这在一定程度上推动了芬兰报业的增长。

在20世纪20年代，政党认为报纸的天然属性是政党喉舌。保守党、自由党、经济和产业圈的人用大量的金钱支持"他们"的报纸。但与北欧其他国家相比，芬兰的党派报纸数量是最少的。早在1906年，芬兰一些政治态度中立的媒体就开始切断其与政党资助的联系。到20年代末30年代初，芬兰的政党和报社都开始注意到报业市场发生的巨大变化，他们认识到报业可以浪费无穷无尽的钱而无法保证未来的收益。这一时期，又恰逢保守党和民主党的资金来源趋于枯竭，因此他们开始决定不再投资非营利的报纸。

第二次世界大战结束后，芬兰的党报纷纷宣称自己是没有政治倾向的中立性报纸，这使芬兰的党派报纸迅速衰落。目前，芬兰95%的报纸都声称自己是没有政治倾向的无党派报纸，宣称自己有党派性的只有13家，占报纸总量的3.6%。在这13家报纸中，社会民主党报纸有8家（合计发行量6.2万份），中央党报3家（发行量1.9万份），国家同盟党1家（发行量2.3万份），另一家独立于左派联盟（发行量7900份）。芬兰的党派报纸不仅数量少，而且发行量也少，如果没有芬兰政府旨在保持报纸多元化和舆论多元化的报业补贴制度的话，这些报纸很可能无以为继。而那些脱离了党报体系的芬兰报纸都将以本地化内容为主的地方报纸作为其发展方向并获得生存空间。与政党报纸减少同步的是芬兰"一城两报"的迅速减少。20世纪50年代开始，芬兰一个地区拥有3~4家竞争性媒体的数量急剧减少，到2008年，只有赫尔辛基和奥卢两个地区有两家以上的报纸、九个地区有两家报纸，其他地区都只有一家地方报纸。

1900年，芬兰有85家报纸，1930年达到176家，1960年为199家，1970年为237家，1980年为247家，到1990年达到252家，其后开始逐渐衰退，2000年芬兰报纸为213家，2007年降为204家，2008年进一步降至197家。

在芬兰，每周出版4～7天的报纸被称为日报。2008年出版的51家日报中，31家每周出版7天，高于其他北欧国家；8家每周出版6天，8家每周出版5天，4家每周出版4天。146家非日报每周出版1～3天。此外，芬兰还有140家赠阅的免费报纸。比较有特点的是，芬兰日报的版型与出报频率直接相关，每周出版7天的报纸中大多数（27家）均为对开报纸，每周出版6天和5天的则为4开小报，每周出版4天的报纸中仅有两份为对开报纸。

芬兰报纸大多数靠订阅，依靠零售的报纸数量非常少。芬兰90%左右的报纸都会在早晨6：30前有专门的投递人员送到订户家。一般来说，芬兰人一年中只有10天左右早晨起来的时候看不到新报纸。在芬兰境内有7000人夜以继日地将报纸投递到订户门前或信箱里。这些夜间投递者们采用雪地车、汽车、船、自行车、雪橇等交通工具或步行送报。

芬兰的报纸阅读率一直较高。2009年的调查显示：芬兰的报纸阅读率为483‰，仅次于日本和挪威，高于北欧国家的报纸平均阅读率（382‰）。12岁以上人口的报纸阅读率为79%。芬兰人阅读报纸的时间为平均每天36分钟。2008年的调查显示，年轻人的读报率略有升高。发行量最大的40家报纸在12～19岁人群的到达率增至66%，比一年前的调查增长了2个百分点。同样的上升趋势也出现在20～24岁的人群中，报纸的到达率从68%增至70%。与此并存的另一个现象就是，同一时期阅读网上报纸的年轻人越来越多，中年人上网看报的人数也不可小觑。2013年，40～49岁人群网上报纸的阅读率达65%。此外，使用移动终端读报也成为一种趋势，使用手机和平板电脑看报在青年和中年人群中较为普遍。

芬兰报业重视网络化发展，不但所有的日报和多数其他报纸都有网络版，有的报纸还借助网络寻求新生。2007年，芬兰报业集团旗下的财经类报纸 *Taloussanomat* 停止出版印刷版而转为网上出版，另一份创刊于

1847年但已于1991年停刊的报纸 UusiSuomi 则借助网络重获新生。

（二）芬兰的报纸类型

对于报纸的分类方式可以有很多种。在芬兰常见的报纸分类方式有两种。

1. 按照出版频率分为日报与非日报

芬兰报纸的一种分类方式是按照报纸的出版频率将其分为日报和非日报，芬兰日报的数量比其他任何一个北欧国家都多。芬兰报业协会把每周出版3~7次的报纸称为日报。2007年，芬兰的204家报纸合计发行量为310万份，在53家每周出版4~7次的报纸中，32家每天出版，8家报纸每周出版6次，9家每周出版5次，4家每周出版4次。芬兰150家左右的报纸每周出版1~3次，发行总量为91.6万份，平均发行量为6300份。2013年，芬兰的183家报纸合计发行量为283万份，在46家每周出版4~7次的报纸中，31家每天出版，6家每周出版6次，9家每周出版5次。芬兰有137家报纸每周出版1~3次，发行总量为72.6万份，平均发行量为5380份。

2. 按照发行范围分为全国性、地区性和地方性

芬兰报纸的另一种分类方式是按照报纸的发行范围将其分为全国性报纸、地区性报纸和地方报纸。在芬兰最受欢迎的报纸是全国性的芬兰语报纸《赫尔辛基新闻》（Helsingin Sanomat），创办于1889年，发行量为44.7万份，该报不仅是芬兰发行量最大的报纸，也是北欧国家发行量最大的报纸。隶属于阿尔玛传媒的发行量最大的商业报纸 Kauppalehti（发行量8.1万份）也是全国性报纸，其竞争对手是芬兰报业集团开办于1997年秋天的 Taloussanomat，该报自2008年初开始已经改为纯粹的网络报纸。芬兰的全国性报纸中还包括两份小报，芬兰主要的报纸出版商都拥有一份小报：创办于1932年的 Ilta-Sanomat（发行量17.7万份）属于芬兰报业集团，创办于1980年的小报 Iltalehti（发行量13.1万份）属于阿尔玛传媒。

芬兰报纸的主流是分布于各省中心地区的地区性报纸，这些报纸分别有自己的市场。这类报纸有22家，全部都是每天出版的日报。其中创办于1871年的《中部芬兰报》（Keskisuomalainen）是芬兰境内现存的创办

时间最长的芬兰语报纸。在芬兰境内一共有 31 家芬兰语报纸和 8 家瑞典报纸的创办时间都超过了百年。

由于芬兰是北欧唯一的双语国家,芬兰语和瑞典语都是芬兰的官方语言,芬兰境内有 5.7% 的人口讲瑞典语,因此,芬兰有数家瑞典语报纸。现有的 12 家瑞典语报纸中,8 家日报的总发行量为 15.4 万份。其中规模最大的是创办于 1864 年的 *HBL*(原为 *Hufvudstadsbladet*),该报 2001 年的发行量为 5.3 万份。芬兰境内现存最古老的瑞典语报纸是创办于 1824 年的 *Åbo Underrättelser*,该报在图尔库出版,每周出版 5 天。芬兰最大的瑞典语报纸集团隶属于 KSF 媒介连锁,该集团旗下有 4 家报纸,占瑞典语报纸市场 48% 的份额。

20 世纪 90 年代末期以后,在芬兰的一些主要城市还出现了每周出版一次或两次的免费报纸,这些报纸在公共交通站点、购物中心、咖啡馆和其他公共场所免费发放。仅在赫尔辛基地区,就有 30 种免费报纸。其中发行量最大的是芬兰报业集团旗下的《地铁报》和 *Uutislehti 100A*,这两种报纸都是每周出版 5 天,在同一市场展开竞争。2008 年,这两家报社已经合并。

(三)芬兰主要报业公司

20 世纪 80 年代,芬兰政府开始允许报纸出版商投身电子媒介、移动网络服务、数字交互媒体和多媒体产品。此后,一些大型报纸出版商开始多元化发展,并力图成为真正的多媒体公司。2008 年,芬兰有 20 个报业连锁企业,其中 3 个出版瑞典语报纸。在 53 家日报中,12 家独立于报业连锁企业之外。一些大型媒介公司通过并购提高其市场份额。

芬兰的日报集中于芬兰报业集团(Sanoma Corporation)、阿尔玛传媒(Alma Media Oyj)、特兰报业集团(Turun Sanomat & TS Group,简称 TS 集团)、Keskisuomalainen Oyj 以及伊卡集团(Ilkka Group)五家报业连锁企业手中,这五家报业连锁企业占据了芬兰一半的日报市场,基本控制着报纸的生产、发行和销售。按照发行量计算,其中最主要的两家报业集团是芬兰报业集团和阿尔玛传媒,这两家公司的报纸发行量总量超过芬兰全国日报发行量的 50%。

1. 芬兰报业集团

芬兰报业集团是芬兰最大的媒介集团，也是北欧地区第二大媒介集团，还是欧洲五大杂志出版公司之一。该集团旗下的产业包括电视、电影、新闻、图书和杂志出版、多媒体、报纸、饭店及其他。

芬兰报业集团是芬兰媒介并购的产物。1999 年，该报业集团与创办于 1878 年的图书出版商 WSOY（Werner Söderström Osakeyhtiö；Werner Söderström Corporation）和赫尔辛基媒介公司（Helsinki Media Company）合并成立新的芬兰报业集团（Sanoma WSOY）。其中芬兰报业集团的历史可以追溯到 19 世纪 60 年代，Erkko 和 Soderstrom 家族在俄罗斯占领的芬兰建立了图书和报纸出版社。1889 年，芬兰报纸 *Palvlehti* 创刊；1904 年，Sanoma 注册为出版公司，在 *Palvlehti* 停办后创办了 *Helsingia Sanomat*；1930 年其收购了第一本周刊 *Vikkosanomat*；1932 年创办了小报 *Ilta-Sanomat*；1950 年创办了漫画及女性杂志；1954 年成为芬兰最大的报纸；1981 年收购了赫尔辛基电视公司并于两年后成立了专门的报纸、杂志及数字公司；1997 年，电视公司 Neloen 成立。公司合并前，图书出版商 WSOY 收购了波兰公司青年数字星球 27.8% 的股份，并于 3 年后将股份增至 40%；2001 年，该公司收购了荷兰杂志 *VNU*；2005 年，该公司收购了俄罗斯独立媒介公司；2006 年，该公司收购了匈牙利教育出版公司 NTA；2008 年，该公司更名为 Sanoma，同时收购了波兰教育出版企业 Nova Era。

2011 年，芬兰报业集团收购位于荷兰和比利时的 SBS 电视公司后，荷兰成为其最大的市场。该公司收购了 Tammi Oppimatariaalit，与芬兰数字出版商 Sanoma Pro. 合并后，还收购了瑞典教育出版公司 Bonnie Utbldming，并将其更名为 Sanoma Utbildning。

芬业报业集团在 1999 年前已通过合资和购买的方式将书刊出版和多媒体企业扩张至瑞典、挪威、波兰、爱沙尼亚等国家，与瑞典的波尼尔集团、挪威的斯蒂伯斯蒂集团和奥克拉集团及其他该地区的媒介集团展开竞争。

2001 年，芬兰报业集团的收入已占芬兰 100 家最大企业营业额的 36%。2001 年下半年，芬兰报业集团收购了 VNU 在荷兰出版 200 多份消费者杂志的消费者信息集团（CIC）和其他产业后，获得了荷兰杂志市场50%的份额和比利时杂志市场39%的份额，从而受到了国际关注。这一收购同时使该集团海外收入所占的比例上升至41%。2008年10月，该集团名称由Sanoma WSOY恢复为芬兰报业集团（Sanoma Oyj）。目前该集团在欧洲16个国家有产业。该集团由Erkko家族控制（该家族拥有24%的普通股），在赫尔辛基交易所上市。

芬兰报业集团旗下有5个与集团同名的分部：杂志分部负责杂志出版和网上运营；报纸分部负责报纸出版和网络运营；知识和文学分部负责教育图书出版和商业资讯及服务；娱乐分部负责电视、宽带和广播业务；商业分部负责零售店运营、报纸发行、书店及娱乐业。

该集团的杂志分部于2008年在12个国家（比利时、保加利亚、荷兰、克罗地亚、罗马尼亚、塞尔维亚、斯洛伐克、芬兰、捷克、乌克兰、匈牙利和俄罗斯）出版230种杂志；报纸分部拥有芬兰规模最大的两份报纸《赫尔辛基新闻》（该报在1889年创刊时名为Päivälehti）和小报（Ilta-Sanomat）。这两份报纸合起来几乎占芬兰27%的日报市场份额。此外，该公司还拥有其他3份日报、5份非日报、2份免费报纸和其他城市报纸。为适应报业的数字化转型，该公司在2008年将创办于1997年的商业报纸改为纯粹网络出版。

芬兰是欧洲第二个开办了免费报纸的国家。1997年，Janton公司在赫尔辛基创办了免费报纸Uvtislehti 100。1998年，芬兰报业集团购买了该报20%的股份，于2003年12月售出。2004年，芬兰报业集团全面收购该报。1999年9月，《地铁报》进入芬兰市场，7年后，地铁报国际公司将《地铁报》芬兰版出售给芬兰报业集团。

正如我们前面所说，芬兰报业集团是一个多元化发展的跨国公司，该集团2007年度的收入中，49%的收入来自芬兰，46%的收入来自其他欧盟国家，5%的收入来自其他国家。从收入的来源看，42%的收入来自杂志（其中16%来自芬兰），29%的收入来自售货亭、报纸发行、书店以及娱乐服务，16%的收入来自报纸，11%的收入来自教育材料和图书，5%的收入来自电视广播和其他电子媒介。

该公司的目标为"帮助公众接触并了解世界——一个充满机遇和经验，

需要去探索、影响及分享的世界"，公司"为客户提供高品质、有意义、富有吸引力的内容，服务于受众的个性化需求以使其发展自身和享受生活"。目前该公司旗下的品牌覆盖芬兰94%的人群，是芬兰最大的媒介公司，是比利时前5名的媒介公司，其主要市场为芬兰、荷兰和比利时。

2. 阿尔玛传媒

阿尔玛传媒是芬兰第二大报纸出版商，也是芬兰最大的媒介公司之一。阿尔玛传媒成立于1997年，由总部在坦佩雷的晨报公司（Aamulehti-yhtym）和芬兰第一个全国性商业电视频道MTV 3合并而成。因此，该公司一度曾是第一个全国性商业电视频道MTV 3和第一个全国性商业广播频率Radio Nova的母公司。2005年，公司将广播电视部分出售给瑞典的波尼尔集团后，集团业务集中于报纸、网络媒体和其他网络服务。

阿尔玛传媒集团旗下著名的报纸包括坦佩雷的《晨报》（芬兰第二大报纸，创办于1881年，是芬兰第五大历史悠久的芬兰语报纸）；波里（Pori）的《萨塔联合国报》（*Satakunnan Kansa*）；罗瓦涅米（Rovaniemi）的 *Lapin Kansa*；凯米（Kemi）的 *Pohjolan Sanomat*；Kajaani 的 *Kainuun Sanomat* 以及商业报纸《芬兰商报》（*Kauppalehti*）和晚报 *Iltalehti*。这些地区性报纸90%以上的发行量来自订阅。阿尔玛传媒的互联网产品包括Monster.fi、Etuovi.com 和 City 24。阿尔玛传媒2008年的纯收入达3.41亿欧元，比上年增长1200万欧元。此外，阿尔玛传媒在芬兰首都赫尔辛基创办了多份免费报纸。

三 冰岛

由于人口稀少，冰岛的报业结构不同于其他北欧国家，只有一份付费日报《冰岛晨报》（*Morgunblaðið*），另外一份付费的晚报《独立报》每周出版两次。《冰岛晨报》的读者年龄相对较大，报纸的内容相对保守，发行量大约为5万份。

冰岛现存最早的报纸《冰岛晨报》诞生于1913年，多年来，报纸一直是冰岛最重要的媒介之一。盖洛普公司2004年的一项调查显示：12岁以上的冰岛人中，约80%的人每天阅读报纸，96%的人每周阅读报纸。

冰岛人习惯通过订阅报纸来了解自己支持的政党有关国内及国际事务的观点或争论。

冰岛报纸中发行量最大的是《冰岛新闻报》（Fréttablaðið），该报采用免费投递的方式发行，在大雷克雅未克地区和阿库雷北部居民区上门投递或者放置在小店、报亭、加油站等地供人们取阅，读者主要是年轻人。《冰岛新闻报》不同于《地铁报》和《20分钟》这样的新兴免费报纸，它不依赖新闻通讯社为消息来源，而是拥有自己的采编人员，报纸的内容也比新兴免费日报更加丰富。该报创办之初每周出版6天，2003年9月起变为每天出版，随后又取消了周日版。该报的发行量一般为6.5万~10万份，是冰岛发行量最大的报纸。《冰岛新闻报》的母公司365媒介公司是冰岛最大的私营媒介公司，旗下除《冰岛新闻报》外，还有6家电视台、5家电台、6种杂志和1个网站。

除以上两份报纸外，冰岛的日报还有免费发放的《24小时报》（24 Stundir）和以报道花边新闻、趣闻、文摘等为主，在商店及酒店柜台销售的《独立报》。2005年5月，冰岛第二份免费报纸创刊，在雷克雅未克及周边地区上门投递发行，但该报已于2008年停办。

2004年进行的一项调查显示，69%的冰岛人阅读免费报纸《冰岛新闻报》，51%的人阅读《冰岛晨报》，17%的冰岛人阅读日报《独立报》。①

由于广告收入降低、纸张成本增加和公司高额负债等原因，2008年10月，《冰岛晨报》和《冰岛新闻报》宣布合并。《冰岛新闻报》将由《冰岛晨报》和《24小时报》的出版商 Árvakur 公司经营出版。两报合并后，免费的《24小时报》将停刊。Árvakur 公司称，两报出版系统合一，但仍保留独立的采编系统。Árvakur 公司将以股权向《冰岛新闻报》出版商365媒体公司支付并购费用，365媒体公司将拥有 Árvakur 公司36.5%的股份。②

---

① "The Free-of of-charge newspaper Fréttablaðið is the most popular". *Nordic Media Policy*, No.3, 2004.
② 《冰岛两大平面媒体合并》, http://is.mofcom.gov.cn/aarticle/jmxw/200810/20081005830021.html, 2008年10月14日。

除日报外，冰岛有两份专业性周报，一份是关于渔业的周报 *Fiskifréttir*，另一份则是经济类报纸《冰岛贸易报》（*Viðskiptablaðið*）。此外，冰岛还有 20 份地方和地区性周报，多数免费发放，少数订阅发行。

冰岛的报业公司是私人企业，没有来自政府的直接补贴，但存在减免邮费和税收这样的间接补贴。其一，冰岛的报业公司通过邮局为订户付出的邮寄费，可以根据重量有所减少。其二，虽然冰岛的报纸和杂志需要缴纳增值税，但其税率为 14%，而不是一般公司的 24.5%。

四 挪威

在过去的 200~250 年，挪威的识字率一直很高。1739 年挪威开始实行义务教育制度。早在 19 世纪初，就可以在挪威一些城市发现宗教经典，一些印厂和书店就开始发行图书和小册子。但直到 1900 年，包括易卜生在内的一些著名作家的作品都用丹麦语出版。丹麦从 20 世纪初开始占领挪威的图书市场，尽管 20 世纪上半叶，挪威图书出版业的实力开始增强并从丹麦公司中独立出来，但丹麦的阿勒尔和艾格蒙特仍然占有挪威图书出版业较大的市场份额。

（一）挪威报业的产生与发展

挪威的地形复杂，有着众多山谷和峡湾，信息传播非常困难。19 世纪末期，电报和电话的出现极大地解决了报纸信息传输的问题，这使 1900 年之前挪威境内出现了大量的地方报纸，报纸开始真正成为大众化的廉价媒介。1763 年，挪威境内出现了第一份报纸，但直到 50 年后，该报才成为大众读物。1815 年，挪威开办了第一份现代化报纸。1819 年，挪威出现了第一份日报。19 世纪 30 年代，挪威开始出现地方报纸。此时，挪威多数报纸最早都是由政党创办的，如自由党（Vennstre）和保守党（Høyre）。1860~1920 年，挪威开始形成按照地形和政党分开的报纸体系，多数城镇都有各自代表不同政党的 3~4 份报纸。1884 年，随着政党建立，政党与报纸的联系开始加强。挪威政坛上三个主要政党都创办了自己的报纸。虽然这些政党报纸的规模都较小，但使全国所有的城镇都拥有了自己的报纸。其后，每个城市都有 2~4 份报纸，确保每个人都是报纸读者成了大家的共识。

第二次世界大战成为挪威报业的重要转折点。战前，几乎所有的主要政党都在全国大多数城镇拥有自己的小型报纸。二战期间，挪威政府停办了60%以上的报纸，这些报纸中，有的在战后得以复刊，有的则从此消失。

第二次世界大战结束后，挪威报业出现了"一多一少"的特点，"一多"是拥有地方报纸的城镇数量在缓慢增加，"一少"则是报纸的数量在减少，二者结合起来的后果就是地方报业竞争加剧，导致报业垄断的出现。近年来，虽然挪威报纸数量的变化不大，但报业的结构发生了巨大变化，特点之一就是报纸从地方竞争转为地方垄断。

在挪威，每个城镇中规模最大的报纸都存活下来并且增加了广告收入和发行量，规模较小的则日渐衰落甚至倒闭。新办的报纸多数都是昙花一现，只有那些在原先没有报纸的地区新办的小型地方报纸获得了成功。如《世界之路报》（*Verdens Gang*，简称 *VG*）这样的全国性小报在首都奥斯陆以外地区的发行量大大增加。

除地方小型报纸的数量在逐渐减少外，第二次世界大战以后，挪威政党报纸的实力也多数未能恢复到战前水平，这在广告市场的竞争上体现得尤为明显。20世纪60年代开始，挪威的政党报纸开始逐渐被商业所有者接管，但直到20世纪七八十年代，在挪威仍然能看到党派报纸的"影子"，无论是报纸对新闻的处理方式还是报社的负责人，都体现出一定的政党特色。直到目前，与其他国家的报业相比，挪威报纸的政党倾向仍然明显。

20世纪80年代之前，由于公共广播电视体制不允许播出广告，挪威的广告市场一直为报纸和期刊所垄断。80年代中期以后，随着政府开始允许广播电视公司播出广告，报业公司发现自己需要与广播电视公司争夺广告市场，进而做出许多顺应市场需要的调整。如，将对开报纸开始变为四开小报，在报纸上刊登更多的新闻照片、插图以及开始使用彩色排版等。

尽管世界上许多国家在20世纪90年代初期就开始出现报业萎缩的现象，但挪威报业直到90年代中期以后才开始萎缩。挪威报业不景气有多方原因：一是媒介种类增加迅速，而消费者的媒体消费时间变化不大，大量媒介的出现分散了受众投入在每一种媒体上的时间；二是互联网的出现使许多挪威人的阅读习惯发生了变化，他们使用报纸网站而不再读印刷版报纸。这样的变化在全国性报纸中反映得更为明显。尽管如此，1999年底，挪威全国仍然有233家报纸在117个不同的地方发行。虽然这些报纸多数每周只出版3次，但有78家日报在遍布全挪威的62个发行点进行发售。

在挪威比较有名的报纸有在首都奥斯陆出版的《晚邮报》(*Aftenposten*)、《日报》(*Dagbladet*) 和《世界之路报》，在第二大城市卑尔根出版的《卑尔根日报》(*Bergens Tidende*)，在第三大城市斯塔万格出版的《斯塔万格晚报》(*Stavanger Aftenblad*) 等，其中《日报》和《世界之路报》在全国发行，《晚邮报》则被认为是世界上最优秀的报纸之一。

从表2-3可以看出，近10年来，挪威规模最大的报纸的发行量都在减少，只是萎缩的程度有所不同。其中大众化报纸《世界之路报》和 *Dagbladet* 下降的幅度最为明显。据挪威媒介管理局（Medietilsynet）有关人员介绍，① 与大报萎缩相反的是，近年来一些地方小报的发行量不降反升，如 *Dagens Næringsliv* 的发行量自1996年以来一直呈上升趋势，即便在经济危机和互联网挑战的双重压力下发行量仍然在增加。这一方面说明本土化传播的重要性，另一方面也说明互联网、免费报纸等新兴传媒对城市尤其是大城市人口的争夺日趋严重。

表2-3 挪威发行量最大的10家报纸的发行量变化

单位：万份,%

报纸＼发行量	1996年	2002年	2006年	1996~2006年	2013年	2006~2013年	排名变化
《世界之路报》	35.7	39.1	31.6	-11	16.4	-48.1	1~2↓
《晚邮报》（上午版）	28.4	26.3	24.9	-12	21.4	-14.1	2~1↑
Dagbladet	20.6	19.1	14.7	-29	8.0	-45.6	3~4↓
《晚邮报》（下午版）	18.9	16.4	13.7	-28	—	—	
《卑尔根日报》	9.5	9.1	8.7	-8	7.4	-14.9	5~5→

---

① 笔者对挪威媒介管理局 Bjorn Tore Osteraas 的访谈。

续表

发行量 报纸	1996年	2002年	2006年	1996~2006年	2013年	2006~2013年	排名变化
Adresseavisen	9.2	8.7	7.9	-14	6.7	-15.2	6~6→
Dagens Næringsliv	5.7	7.0	7.7	+35	8.1	+5.2	7~3↑
《斯塔万格晚报》	7.2	7.1	6.7	-7	5.9	-11.9	8~7↑
Fædrelandsvennen	4.7	4.6	4.3	-9	3.5	-18.6	9~8↑
Drammens Tidende	4.4	4.7	4.2	-5	2.9	-30.9	10~9↑

资料来源：Norwegian Media Business Association，TNS/Gallup Norway。

从历史上讲，挪威报业的地方性特色突出，多数报社只拥有一家报纸，报纸经营者几乎没有报业集团的概念。20世纪80年代以后，挪威的报业所有权集中的现象开始出现并日益明显。进入21世纪后，报纸和广播电视的广告收入都开始减少，政府的报业补贴也在减少，一些媒体公司开始倒闭或合并，由于合并媒体的增加，报业的竞争也开始加剧。尽管有《媒介所有权法》的规制，挪威的报纸还是越来越多地集中在报业集团手中，斯蒂伯斯蒂集团就拥有挪威最大的10家报纸中的6家。

（二）挪威报纸的类型

挪威的报纸大致可以分为以下几种类型。

1. 大众化报纸

《晚邮报》《世界之路报》等面向各种年龄、职业、文化程度的人群，即大众化报纸。

2. 意见性报纸

有些与某种意识形态或大众运动相关的报纸可以归为全国性意见报纸，如民主社会党的 *Dagsavisen*（发行量3万份）、基督教报纸 *VartLamd*（发行量2.5万份）和马克思主义报纸 *Klassekampen*（发行量1.2万份）。

3. 财经类报纸

财经类报纸 *Dagens Næringsliv* 和 *Finansavisen* 都在首都奥斯陆出版。

4. 地区性报纸

由于地理的原因，挪威大量的报纸都是地方性或地区性报纸，发行量相对较小。如2013年挪威有将近一半的报纸发行量在5000份以上。20世纪80年代之前，几乎所有的挪威报纸均为个人所有，报纸所有者通常居住在报纸出版的同一社区，近年来则主要集中在部分地区。

（三）挪威主要报业公司

挪威的报业格局一直比较稳定，斯蒂伯斯蒂、奥克拉和阿普雷森三家大型报业集团一直占主导地位，几乎所有的大型报纸都隶属于这三家公司或与其有合作。排名第四的报业集团 Polaris 是一家地区报纸集团。

1. 斯蒂伯斯蒂

斯蒂伯斯蒂是挪威最大的媒介集团，在北欧地区排名第三，仅次于芬兰报业集团和瑞典的波尼尔集团。该公司起源于1839年创办于挪威首都奥斯陆的一家印务公司。1860年5月14日，克雷斯蒂安·斯蒂伯斯蒂（Christian Schibsted）创办了 Christiania Adresseblad，一年后改为《晚邮报》，该报每天上午和下午出版两次，该报在20世纪大部分时间都是挪威发行量最大的报纸。1966年，斯蒂伯斯蒂集团收购了《世界之路报》，将其改组为一份现代小报并获得了巨大的成功。该公司收购《世界之路报》时，该报只是一份面临着严重经济问题、发行量不足3万份的小型晚报。到1994年，该报的发行量已接近39万份，成为挪威发行量最大的小报，1/3以上的挪威人每天阅读该报。

斯蒂伯斯蒂集团除《世界之路报》和《晚邮报》外，还拥有 Media Norge 旗下的4家最大的地区性报纸的主要股份，这4家报纸为：Fædrelandsvennen、《卑尔根日报》、《斯塔万格晚报》和 Adresseavisen。① 如果算上地区性报纸的话，该集团拥有挪威一半以上的报纸发行量，《晚邮报》和《世界之路报》的新闻印刷用纸量占挪威全国的近40%。通过这两家报纸，该公司还控制了挪威唯一的新闻通讯社——挪威通讯社（Norsk Telegrambyra，简称 NTB）20.6%的股份。

作为挪威最大的媒介公司，斯蒂伯斯蒂集团1992年在首都奥斯陆上

---

① 这4家地区性报纸都在挪威发行量最大的10家报纸之列，2007年以这4家报纸为基础成立了 Media Norge，以对抗 Mecom 收购奥克拉传媒后改组的艾达传媒，2008年，Adresseavisen 脱离了 Media Norge，与其他地区报纸一起成立了挪威第四大报业集团 Polaris 公司。该公司主要覆盖挪威西北、中部及北部地区。

市。该公司除在挪威拥有发行量最大的两份报纸外，还拥有瑞典的两份报纸《晚报》（*Aftonbladet*）和《瑞典日报》（*Svenska Dagbladet*）。20 世纪 90 年代以来，该公司向东欧、南欧等其他国家拓展疆土，经营范围包括报纸、电视、出版、多媒体平台和移动服务等，业务覆盖欧亚大陆及拉丁美洲等 20 多个国家。其中尤为值得一提的是，该公司于 1999 年 12 月创办的免费报纸《20 分钟》一度跻身欧洲十大报纸之列，其西班牙版和法国版分别是西班牙和法国发行量最大的报纸。

斯蒂伯斯蒂集团从 1995 年开始投身于互联网，目前来自互联网的收入已经占到集团收入的将近一半，该公司也因此成为哈佛商学院 MBA 课程的案例。

尽管目前斯蒂伯斯蒂集团的非挪威投资者已经拥有了公司一半的股份，该公司仍然被认为是挪威媒介公司。

2. 艾达传媒

艾达传媒的前身是奥克拉传媒。2006 年，英国投资公司梅柯姆收购了奥克拉传媒后改为此名。奥克拉传媒的历史可以追溯到 1893 年，当时奥克拉工业集团通过奥克拉传播公司（即后来的奥克拉传媒）涉足报业市场。该公司在 20 世纪八九十年代收购了大量小型独立报纸和地方电视频道，很快发展成为挪威三大报业公司之一。2005 年，奥克拉集团宣布退出传媒业并出售了旗下报纸 *Adresseavisen* 和《卑尔根日报》的股份，剩下的部分卖给了英国投资公司梅柯姆，公司分为三个控股公司：艾达传媒、贝林时报和 *Rzeczpospolita*。2009 年，梅柯姆将艾达传媒旗下最大的两家报纸出售给了 Polis 传媒。

3. Amedia

挪威报业从诞生开始，多数就和政党有着密切的联系，有些报纸分别脱胎于自由党、保守党和工人运动。第一次世界大战结束后，由于报业竞争的加剧以及吸引来自其他党派读者的需要，多数非社会主义报纸宣称政治独立。大多数由工人运动创办的报纸在报业的去政治化后得以生存下来。这些主要由地方工会拥有的报纸，自行采编一部分内容，再从独立的新闻通讯社获得一部分报纸内容，依靠广告收入来获得购买新设备的资金。1948 年，成立了名为挪威工人报业（Norsk Arbeiderpresse）的报业连锁企业。1992年，32家原工人运动报纸（工人运动报纸的总数为35家）合并为一家控股公司，最初几年工人运动是该公司的主要持股人，随后金融投资人和媒介公司逐渐成为主要股东。1994年，该集团更名为阿普雷森（A-pressen）。目前，挪威工会联合会拥有该公司45.2%的股份，旗下报纸66家，占26%的市场份额，报纸总发行量达58.7万份。2012年，公司再度更名为Amedia。

目前，该公司是挪威第二大报业公司。

五 瑞典

（一）瑞典报业的产生与发展

1830年，一个富有的贵族Lars Johan Hieta开办了瑞典第一份现代报纸《晚报》，希望借此推动自由贸易和选举权，目前该报是瑞典晚报市场的领导者；瑞典第一份大众化报纸《每日新闻报》（*Dagens Nyheter*）则创办于1864年，这份报纸目前是瑞典早报市场的领导者，也是瑞典发行量最大的报纸。

瑞典报纸曾经是政党的附庸，但目前这一关系已经变得松散了许多，许多报纸自身定义为"独立"报纸。社会民主党报纸近年降速较快，这些报纸转向以独立的自由主义为中心。

瑞典报纸的数量在1920年达到顶峰，当时独立报纸的数量为240家。此后独立报纸数量不断减少（2000年报纸数量为160家，多数属于同一个出版商），报业倒闭潮在20世纪五六十年代席卷瑞典，由于受纸张价格飞涨、广告收入下滑等因素的影响，瑞典的报业结构发生了急剧变化，许多地区发行量较小的报纸（一般在当地发行量占第3名或第4名）都被迫倒闭。1948年，瑞典有281家报纸，一周最少出版两次；到了1965年，只剩下了134家。这一风潮持续到1973年。瑞典政府的报业补贴制度挽救了许多地方独立报纸。随之而来的20世纪七八十年代是瑞典报业的"黄金时代"，瑞典报纸的消费量在1980年达到顶峰，报纸的千人拥有量达到580份。从总体上讲，瑞典报业的发展基本趋于稳定，但仍有下滑的趋势。据《世界报业发展趋势（2008年）》数据显示，瑞典在2003~2007年报纸总发行量下降了6.49%，2007年付费报纸发行量同比下降了 3.49%。① 放眼世界，从 1999 年到 2008 年，瑞典报纸的千人发行量由第 2 位滑落到第 4 位，位于日本、挪威、芬兰之后。所幸由于有强大的地方报纸以及忠诚的报纸读者，报纸仍然在瑞典的广告市场中占据较大份额。

目前瑞典报纸的发行量和报纸的数量都在减少，对此通行的解释在于报业市场的结构性变革、合资企业的产生和所有权集中。与此同时，瑞典报纸失去了其政党报纸的特点，绝大多数可以被描述为没有任何明确正当属性的现代独立报纸。

瑞典人是活跃的报纸读者。消费调查显示，报纸读者每天的固定阅读时间为 30 分钟。然而，越来越少的读者会购买或订阅报纸。像《地铁报》这样的免费报纸增加了读者对报纸的阅读量，并在都市交通枢纽地带吸引了新的读者而非使其转向竞争对手。

瑞典人有着良好的读报习惯，这主要是因为瑞典人有着对政治强烈的兴趣、相对较高的教育水平和高效的投递系统。

如果我们对瑞典报业市场进行更为细致的分析可以发现，主要的地区性和地方报纸并没有受到太大影响。虽然报业发展的总体趋势是订阅类报纸的减少，但地方报纸因在地方观念形成方面扮演着重要角色而受到的影响较小。大量的瑞典家庭仍然订阅地方报纸，而大型全国性日报则越来越成为贵族报纸，全国性小报则在保持受众方面存在一定的困难。瑞典报业最受关注的现象就是《地铁报》的出现带动了免费报纸的兴盛与发展。

瑞典的报业补贴制度在世界上非常有名，可以看出，瑞典报业补贴的数额在逐渐减少。据瑞典传媒顾问索伦·伯克朗德介绍，瑞典几乎所有日报的发行收入都占 1/3 左右，广告收入占 2/3 左右，瑞典的报纸基本可以实现收支平衡。以《哥德堡邮报》为例，2003 年的 11 亿瑞典克朗总收入中，发行收入占 36%，广告收入占 63%，其他收入占 19%。②

对于瑞典的报纸来讲，发行是主要支出。瑞典的报纸出版商在城市里

---

① WAN-IFRA, "World Press Trends: Newspapers Are A Growth Business", http://www.mynewsdesk.com/se/world_association_of_newspapers/pressreleases/world-press-trends-newspaper-are-a-growth-business-219757.

② 文建：《三类报纸的小报化历程》，《中国记者》2005 年第 12 期，第 28 页。

组织了专门的发行队伍进行报纸投递，每天由专人（一些是勤工俭学的学生）将报纸投递到读者家中。在非城市地区则依靠邮局进行投递。因此，即便是在北部偏远的地区，人们仍然能够通过订阅的方式及时收到并阅读报纸。由于瑞典地广人稀，发行成本较高，因此国家对报纸进行发行补贴。

近年来，瑞典报业日益受到资本市场的驱动，报纸的市场化、集中化和网络化特征表现明显。

就市场化而言，报业在瑞典出现较早且与党派的关系密切，瑞典的全国性日报从传统上讲党派性特征突出，党派与报纸在所有权、内容和读者三方面有着联系。然而新闻专业主义的全球化和解除管制使印刷媒介在市场取向和非党派方面发生了巨大变化，市场驱动的新闻在很大程度上取代了政治化的报道。瑞典的党报模式自20世纪70年代开始有所变化，报纸的政党属性不再那么浓厚，目前居于市场领先地位的全国性和地方性报纸都是无党派的中立性报纸。党派性报纸在瑞典几乎全部消失，一些报纸的政党属性只体现在社论页，一些报纸的政党属性则在社论页也鲜有涉及，新闻报道突出的都是专业性的客观原则。此外，瑞典传统的印刷报纸多数为多版面的小开张报纸，呈现"小报化""厚报化"的特点，据报摊销售人员介绍，这样的版面安排既方便携带和阅读，也有利于销售。

瑞典报业市场的集中化趋势也比较明显。瑞典报纸的种类从1945年的216种已降至162种，仅有19个城市拥有2种以上的报纸，而63个城市都是"一城一报"。大的媒体公司控制着越来越多的报纸，以瑞典最大的报纸出版集团波尼尔集团为首的6家最大的报纸出版商占据了瑞典60%的报业营业额。就发行量而言，挪威的斯蒂伯斯蒂作为瑞典少数的外国报业所有者之一，目前是瑞典第二大报纸所有者。由于瑞典没有禁止报纸和其他媒体、地方和全国媒体交叉拥有的法律，一些报纸集团从1993年就开始积极参与开办地方广播电台。波尼尔集团不但已逐渐将其报业市场扩张至首都斯德哥尔摩乃至瑞典以外，而且拥有在广播电视领域内较大的市场份额。瑞典报业集团的概念正逐渐为媒介集团所取代。

瑞典报业发展的另一大特点是报纸的网络化。1994年，《晚报》推出了瑞典第一家报纸的网络版。该报提供24小时的新闻刷新、背景报道、搜索服务等，目前是瑞典最受欢迎的报纸网站，也是吸引广告最多的网站。在瑞典，不仅资金雄厚的主流大报极力拓展网上空间，一些地方小报也积极探索网上生存之道。瑞典南方的一家邮报 Hallands 和当地政府签订协议，由政府提供素材，报纸负责设计制作政府主页并放在自己的网站上，由政府支付"媒介发布费"。北方的一家报纸为了提高知名度，利用当地旅游资源制作旅游指南，吸引更多读者。还有的报纸尝试免费新闻、收费搜索的模式，同时出售"信息包"，即为特定企业量身定做新闻信息。[1] 2001 年，几乎每一家报业公司都推出了其报纸的电子版。

在瑞典，创刊于 1645 年的世界上最古老的报纸《国内邮报》因发行量有限，宣布于 2007 年 1 月 1 日起停止发行印刷版，仅出版网络版。瑞典最大的早报《每日新闻报》于 2007 年底推出了全球首款"报纸手机"，这种手机将直接提供给它的每日订户，用户可免费直接访问其报纸的网站。

（二）瑞典的报纸类型

瑞典在传统上有四种类型的报纸：都市早报、晚报、省级晨报和较小型的互补型报纸（每周出版一两次），20 世纪 90 年代中期以来，以《地铁报》为代表的免费报纸的兴起和发展对瑞典报业市场的结构变化产生了一定影响。

1. 主要通过订阅发行的都市早报

瑞典规模最大的单个报纸都属于这一类型。在瑞典最大的三个城市斯德哥尔摩、哥德堡和马尔默，规模最大的报纸分别为《每日新闻报》、《哥德堡邮报》（Goteborgs-posten）和《南瑞典日报》（Sydsvenskan）。全国性都市早报有两个共同特点，它们都是对开大报，发行主要以订阅为主，其合并发行量约占全国报纸发行量的 25%。近年来，这些报纸的出版商尽力控制发行量以降低成本。曾经苦苦挣扎的瑞典第二大报纸《瑞典日报》由于属于斯德哥尔摩市场上的次级报纸而得到了政府的报业补贴，近年来逐渐获得成功。挪威媒介公司斯蒂伯斯蒂买下该报后经历了一段时间的巨额损失，直到 2002 年该报的发行量才在其核心区域斯德哥尔摩有所上升。除这种大众化的全国性报纸外，瑞典还有少量全国发行的专业性

---

[1] 任琦：《瑞典报业及发展策略》，《中国记者》2001 年第 8 期，第 67 页。

报纸，如财经类日报《每日工业》(*Dagens Industri*)、《金融报》(*Finanstidningen*) 以及基督教报纸《每日》(*Dagen*)。这些报纸可以被看作是全国性都市早报的另一种形态。

2. 晚报

全国性都市晚报都是四开小报 (Tabloid)，发行以零售为主。虽然这些报纸一般都在上午出版，但人们仍然习惯于按照过去的方式将它们称为"晚报"。这类报纸的读者数量和报纸发行量近年来都有所下降，年轻人也不像以前那样热衷于阅读晚报。此类报纸目前有4份，除《晚报》外，包括《快报》在内的其他3份晚报已经全部归波尼尔集团所有。波尼尔集团于1944年创办了《快报》，该报曾是瑞典乃至北欧地区规模最大的日报，1986年的高峰发行量为58万份。目前《晚报》不但是晚报类报纸中发行量最大的，还是瑞典报业网络化的先锋，其报纸站点www.aftonblade.se 是瑞典人使用最频繁的网站，该报于1996年被前所有者劳工联盟出售给了挪威的报业公司斯蒂伯斯蒂。

3. 地区报纸

即在主要城市之外每周发行6~7次或3~5次的报纸，以订阅为主，其发行量约占全国报纸发行量的45%。这类报纸是瑞典四种传统报纸中发展最稳定的，较少受到结构变化的影响。这类报纸多数具有垄断地位，在首都斯德哥尔摩以外，只有三个地区的报纸需要与其对手或相似规模的报纸竞争。与首都的报纸相比，地方报纸的广告收入波动较小。省级报纸有较高的固定读者比例，较少面临其他媒体的竞争。多数地方报纸也许发行量较小，但它们常常赢利。一些出版商也开始通过收购临近城镇的报纸着手建立地方报业连锁企业集团，或者通过合办印刷厂合作，或者在广告、销售及市场推广方面建立合资企业。辛迪加缩小了省级报纸和拥有较多新闻资源的都市报纸之间的质量差距，在地方广播和因特网上的投入可以保证广告收入的持续性和交叉营销。

4. 区域性发行或者在城市发行的低频度报纸

这些报纸每周出版1~2次，如 *Arbetaren* 和《默恩达尔邮报》(*Mölndals-Posten*) 等，这类报纸约占瑞典报纸总数的1/3，从理论上讲增加了瑞典报纸的多样性。这些报纸的发行量很小，如果没有政府的报业补贴，它们几乎无法生存下去。

5. 免费报纸

免费报纸的出现是瑞典大都市报业市场上一个非常重要的现象。1995年2月13日，免费报纸《地铁报》创办于瑞典首都斯德哥尔摩，该报很快成为当地第二大报纸并开始赢利，一年后发行量已达20万份。该报分别于1998年和1999年在瑞典第二大城市哥德堡（Götsborg）和第三大城市马尔默（Malmö）相继推出了地方版。《地铁报》的所有者为瑞典现代集团。现代集团目前已经从其母公司金尼维克（Kinnevik）下属的卫星电视公司TV3发展为一个国际媒介公司。2004年10月，《地铁报》开始推出全国版，并在30个地区免费发行，但该报全国版已于2013年停办。

在《地铁报》诞生之前，包括瑞典在内的许多北欧国家就存在一种免费报纸，但此类报纸主要是一些组织机构为了宣传而向公众免费赠阅的地区性周报。如《地铁报》每周出版6天，平均有28~36个版面，刊登的内容包括国内新闻、国际新闻、本地新闻，天气预报，娱乐资讯，等等。《地铁报》不采用传统的投递方式，而是由读者在地铁站、公交站、通勤火车上自行取阅。报纸的收入纯粹依赖于广告。为降低办报成本，该报没有自己的采编人员，所有的新闻都来自通讯社，再加上一些自由撰稿人开办的专栏，一份约30个左右版面的报纸只需要5名编辑人员。2009年，《地铁报》的官方网站数据显示：该报在22个国家以15种语言出版了73个版本的报纸，每天阅读该报的读者超过2100万人，每周阅读该报的读者超过4500万人；其80%的读者年龄在49岁以下，18~35岁的读者占44%；73%的读者正在工作或学习。换句话说，《地铁报》的主流读者正是那些传统订阅报纸流失了的读者。

继《地铁报》之后，一些免费报纸相继出现。2000年8月，《地铁报》开办了下午版免费报纸《每日》（*Everyday*），以阻止另一份晚报《斯德哥尔摩新闻》（*Stockholm City*）进入免费报纸市场。随后，创刊于9月的《斯德哥尔摩新闻》开办仅3个月后就被迫停办。《每日》也于次年3月退出市场。2002年10月，瑞典最大的报业集团波尼尔集团创办了免费报纸《斯德哥尔摩城市》，并于2006年9月相继创办了哥德堡版（已于2007年10月停办）和马尔默版。瑞典免费报纸的争夺一度在《地铁报》和《城市》两大报纸间展开。但随着经济危机的到来，瑞典的免费报纸市场逐渐萧条。2015 年，除《地铁报》斯德哥尔摩版、哥德堡版、马尔默版和《城市》（City）马尔默版、隆德版及 Extra 外，其余的免费报纸都已经停办。

尽管《地铁报》已没有了上个十年的辉煌，但该报 2015 年的发行量仍然达到 58 万份，仍然是瑞典发行量最大的报纸。更为重要的是，《地铁报》的出现和兴起不但改变了瑞典的报业结构，而且为世界报业建立了一种可供学习的模本。

(三) 瑞典主要报业公司

1. 波尼尔集团

波尼尔集团是瑞典最大的报业公司，也是瑞典乃至北欧地区规模最大的媒介集团。波尼尔集团最早是成立于 19 世纪的一家出版社，20 世纪初开始涉足报纸和期刊领域，目前除了出版报纸外，还出版图书、周刊和月刊以及商业杂志、信息数据库，在电影、录像带流通、影院（SF）和电视（TV4）方面也有股份。波尼尔集团出版的报纸分为三大类：晨报、大众化小报和商业报纸。2008 年这三类报纸合起来占有瑞典报业 1/4 以上的市场份额。为应对免费日报的挑战，该公司于 2005 年出版了免费日报《斯德哥尔摩城市报》（Stockholm City），次年在马尔默和哥德堡也出版了类似的报纸，目前除马尔默版，均已停刊。

该公司是一个家族企业，现在仍然由波尼尔家族的后代经营。

2. 斯蒂伯斯蒂

挪威第一大报业公司斯蒂伯斯蒂在瑞典报业市场排名第二。1996 年，斯蒂伯斯蒂通过收购瑞典工人运动旗舰报纸《晚邮报》49.99% 股份的方式进入瑞典市场（2009 年以后，斯蒂伯斯蒂拥有该报 91% 的股份）。1998 年，该公司又收购了保守党的报纸 Svenska Dagbladet。两项收购使该公司获得了瑞典 16% 的报纸发行量。2006 年秋，该公司还加入了瑞典的免费日报市场，在斯德哥尔摩、哥德堡和马尔默开办了免费报纸 punktse。两年后，该公司停办了该报，并收购了《地铁报》35% 的股份。此外，该公司还通过旗下报纸参与瑞典的网络市场。

3. Stampen

以哥德堡为基地的 Stampen 公司由 Hjorne 家族所有。该公司最主要的报纸是瑞典第四大报纸《哥德堡邮报》。近年来，该公司的实力获得了较大提升：2005 年，该公司接管了中间党的大部分报纸资产；2007 年，该公司通过合并或购买的方式获得了一些报纸，还通过收购地方报纸增强了在瑞典西部的实力……通过这一系列运作，该公司的发行量所占比重已经从 2004 年的 7% 增至 2008 年的 16% 以上。

第二节　多样化的报业补贴制度

欧洲国家有着对报业进行补贴的传统。按照媒介经济学家罗伯特·皮卡德的观点，政府对报业的扶持可以有补贴、税收优惠和放松管制三种形式。例如，芬兰对报业的补贴分为三种：通过国务院的选择性大众补贴，通过政党的政党补贴（称为国会补贴）和发行补贴。[①]

尽管法国、德国、奥地利等欧洲国家都对报业有不同程度的补贴，并且通过报业补贴实施对报业发展的国家干预，但在北欧国家，"补贴"被认为是一种对本国媒介的支持战略，国家通过行使资金方面的资助直接或间接地支持本国或本地区实现政治和社会目标。

在北欧国家中，瑞典是第一个实行报业补贴的国家，挪威是第一个对报业实行直接补贴的国家。1963 年，瑞典文化部成立了报刊津贴委员会，对报业补贴进行专项管理。4 年后，芬兰也开始对报业进行补贴，以通过保护报业市场的多元化维护言论自由。1969 年，挪威开始对日报进行经济资助，以确保同一地方能有两份报纸进行某种程度的竞争。与其他实行报业补贴的国家相比，北欧国家的报业补贴范围更广、数额更大，因此受到的争议也更多。欧盟竞争委员会在 2009 年要求瑞典大幅削减报业补贴的数额。

直接补贴往往被认为是一个国家报业补贴政策的基础，事实上，间接

---

① Robert G. Picard and Mikko Grölund, "Development and Effects of Finnish Press Subsidies," *Journalism Studies*, Vol. 4 (2003), pp. 105 – 119.

补贴的作用可能比直接补贴更大。北欧五国的报业一直以来享有免除增值税（VAT）或降低税率的优惠，这在一定程度上也是对报业收入的一种推动。目前，丹麦、挪威和瑞典的传统报纸均免除增值税。与直接补贴的受益者多数为小型报纸不同，免除增值税政策受益的往往是大型报纸。芬兰报业原本也免除增值税，在2012年出台新政，报纸需缴纳9%的增值税，目前虽已增至10%，但仍然低于24%的普通税率。冰岛是北欧五国中唯一没有直接补贴的国家，但冰岛包括报纸、图书、杂志、广播电视订阅在内的媒介产品一直享有7%的低增值税率（普通增值税为25.5%）。

在北欧国家内部，是否要继续进行报业补贴的争议也一直存在，各国政党对报业补贴的态度并不相同，左翼中间党希望政府维持报业补贴政策，而右翼自由党则要求大大缩减甚至废除报业补贴。右翼党派认为，报业补贴对报业发展的作用被夸大了。他们指出，1982年以来，已经有18家获得政府补贴的报纸消亡了。对于这些报纸来说，报业补贴只是延缓了报纸的死亡，并没有真正消除报业死亡的威胁，废除报业补贴可以帮助报业在更为合理的竞争状况下发展。① 但争议归争议，各国目前仍然未完全停止对报业的补贴。挪威和瑞典大量的小型地方报纸或细分报纸靠此为生，两国对报业的直接补贴均占该国报业收入的2%。

值得注意的是，随着报业危机的加剧，一些传统印刷报纸不得不终止纸质出版转向网络出版。报业的补贴是否需要考虑平台中立的问题日益引发关注，针对于此，目前丹麦已经推出了同样针对印刷报纸和网络报纸的产品支持，挪威和瑞典也在讨论今后是否将目前只针对印刷报纸的补贴同样发放给网络报纸。

一 丹麦

与芬兰、挪威和瑞典相比，丹麦报业的地位相对弱势。丹麦的报业补贴政策更加广泛和常规化。丹麦对报纸的补贴主要是发行折扣补贴，在2006年邮政私有化之后才转为直接的发行资助。发行资助不仅针对印刷付费报纸，也针对非营利出版物和每月出版2~4次的以广告为生的报纸。

---

① 王宇：《北欧国家报业市场的变革与发展》，《中国报业》，2009年第2期，第71页。

2013年1月，这一发行支持也被废止，取而代之的是针对印刷报纸和网络报纸的新的产品支持。2014年，61种出版物获得了此项资助。全国性报纸《贝林时报》《日德兰邮报》《政治报》等成了此项资助的主要受益者。

二 芬兰

芬兰的报业补贴政策开始于20世纪后半段，以间接补贴为主。芬兰对报业的发行补贴从1951年开始是通过邮政系统的，到1995年邮政系统重组为半私营实体时结束。当20世纪60年代末期的报业经济危机来临的时候，间接的发行补贴并不能解决报社的实际问题，国会批准了直接补贴和政党补贴。

芬兰的报纸从20世纪80年代中期开始不断减少，政治报纸几乎绝迹。这一时期获得补贴的报纸数量也在减少，到2000年，获得资助的报纸大约占报纸总发行量的10%。80年代，芬兰政府开始对新闻通讯社、宗教杂志以及联合报纸发行系统等进行补贴，但这一补贴形式在90年代也取消了。在芬兰，4家最大的政党报纸是报纸补贴的最大受益者，这些支持社会民主党和中间党的报纸是最大的获益群体。由于报业补贴存在不平衡的情况，从80年代开始获得补贴的报纸数量每年都在减少。

芬兰交通运输部负责向报纸发放政府津贴，政党报纸以及其他报纸都在津贴发放预算内。芬兰政府向少数民族语种报纸及其网络出版物发放津贴，同时也向瑞典语新闻机构发放津贴，其具体金额由政府决定。

尽管有报业补贴，芬兰报纸的衰退表现得仍然非常明显，由此一些人认为报业补贴对报业发展的作用并不大，取消报业补贴的呼声日益高涨。事实上，过去20年，芬兰逐渐取消了针对报业的直接补贴，1989年政府对报业的直接补贴为4390万欧元，1999年已降至1260万欧元，到2009年仅为50万欧元。2008年以后，只有针对少数民族语言报纸和文化及观点出版物的补贴仍然存在，其他的均已废除。

从2009年开始，芬兰取消了政党报纸的专项津贴，而转变为由各政党自行支配这项支出，他们可以自由决定对本党报纸的补贴金额。

三 挪威

挪威报纸倒闭的数量远低于西方其他国家,其主要原因就在于挪威政府自 1969 年开始实行直接报业补贴制度。挪威不是北欧国家中第一个实行报业补贴制度的国家,在挪威之前,芬兰和瑞典已经提出了主要针对次级报纸的报业补贴制度,但挪威是第一个对报业实行直接补贴的国家。

挪威是北欧国家中最早引入议会制度的国家之一。早在 1884 年,挪威就建立了议会制度。历史和文化的多重作用使挪威人自然而然地认为,只有阅读多份报纸才能够获取中立的信息和观点。挪威人广泛认同"多样化的报纸是社会民主的资产"这一观念。他们认为,对报纸的补贴可以实现以下目的:确保以持续出版多种报纸的经济基础迎合社会各团体的需要;确保全国性、地区性和地方性报纸的协调发展;保证报纸不因生存问题而丧失编辑的独立性以及各种人群对报纸使用的便利等。

挪威的报纸分为"主要报纸"(primary newspapers)和"次级报纸"(secondary newspapers)。前者是那些在广告市场上具有优势地位、经济实力强大的报纸;后者则是那些发行量排名第二或第三、经济实力相对较弱的报纸,每年的利润不超过 22 万欧元。挪威的补贴主要发放给这些次级报纸,不发放给持股者或者股份制公司的母公司,也不发放给新出版的报纸、免费报纸和网络报纸。①

挪威报业在 20 世纪五六十年代开始面临发展困境。尽管广告投入不少,但各个报纸的广告收入并不均衡,那些发行量大的报纸可以获得较高的广告收入,而发行量较少的报纸广告收入则较少。同时,发行量较少的政党报纸也开始难以为继。为此,政府开始着手寻找可能的解决办法,既要维护现有的国家级报纸、地区和地方报纸的多样性,确保代表不同的政党观点和利益的报纸能够自由竞争,又要保护消费者的利益,避免任何可能的国家干涉。1964 年,挪威政府成立了一个专门委员会来进行报业补贴制度的研究。与此同时,挪威的报业组织在 1966 年要求政府对报业给予经济支持,以维持报纸的多样性,从而确保观念的自由传播。

---

① 网络报纸指那些只在网络上出版的报纸,不包括拥有网站的报纸。

1969年，挪威政府开始对报业进行补贴。报业补贴制度实施之初，政府根据报社新闻纸的用量对规模最小的报纸和次级报纸给予相应数量的补贴。次级报纸可以获得每吨新闻纸5000克朗的补贴，那些新闻纸用量在50吨以下的报纸则可以申请每吨6000克朗的补贴。

在1972年公布了第二次报业委员会报告之后，挪威政府开始对报业实施普遍补贴（general subsidy），对发行量在1万份以下的报纸和只在其潜在本地市场出版的较大型报纸给予补贴；发行量第一，但市场份额不足10%的市场领导者报纸也可以获得补贴；发行量在4万份以上的报纸则不予补贴。

挪威的报业补贴由国会给予，文化和宗教事务部确定税率并进行管理，文化和宗教事务部下属的挪威媒介管理局具体处理报业补贴的相关事务。[①] 目前补贴的对象是某一地方排名第二的报纸或发行量在6000份以下的地方小型报纸。

政府对报业的普遍补贴分为直接补贴和间接补贴两种，补贴的总额占整个报业营业额的2%~3%。政府对报纸的间接补贴主要是免除增值税。在挪威这样一个高税率的国家，报业的增值税居然为零。挪威间接补贴的一半的获益者为规模最大的10家报纸。2005年，政府免除的报业增值税高达1.6亿欧元。[②] 2009年，间接补贴的金额大约为直接补贴的5倍。传统意义上说，免除增值税的对象包括订阅报纸和单独售卖的报纸，不包括网络报纸。2014年右翼政府提出平台中立的政策后，所有报纸将缴纳8%的增值税，尽管比25%的普通税率要低，但报业的负担也大为增加。

目前，挪威的直接补贴发放给以下类型的报纸：报纸发行量在2000~6000份且每周出版3期以上的报纸；平均发行量在2000~80000份的地方次级报纸；被认为是宗教、政治、商业或产业公共意见形成者的全国性报纸或平均发行量在1000份以上、年出版48期以上的地方性报纸。

2006年，在挪威政府给予直接补贴的139家报纸中，19家非竞争性

---

① 挪威媒介管理局成立之前，负责此项业务的是成立于1993年的大众媒介局。挪威媒介管理局是2006年由大众媒介局等三个局合并而成，负责处理挪威报纸、广播、电视、电影、网络等相关媒介管理工作。
② 笔者对挪威媒介管理局Bjorn Tore Osteraas的访谈。

报纸（其中5家为少数民族语言报纸，1家为农民报纸）获得了77%的补贴款，120家地方报纸获得了剩下的750万欧元的补贴款。

政府补贴的19家非竞争性报纸主要是宗教类报纸、最古老的工党报纸、少数民族语言报纸和农民报纸等，其发行量为2000~80000份，出版周期为每周出版2天以上，这些报纸由于发行量较小，对广告主缺乏吸引力，在政府给予补贴之前，这些报纸的亏损金额高达2600万欧元。政府对其进行补贴的计算方式是：补贴金额＝发行量×出版周期×比率。

挪威政府对少数民族语言报纸的补贴开始于1980年，2005年获得补贴的7家报纸分别为乌尔都语、塞尔维亚语、克罗地亚语以及中文报纸等，① 这些报纸主要通过邮寄的方式发行，市场上几乎看不到。2006年，挪威的少数民族语言报纸获得了12.5万欧元的补贴。

对非竞争性报纸的补贴还包括对以萨米人为读者的报纸的补贴。居住在挪威北部的萨米人被称为"欧洲最后的土著"，目前在欧洲约有7.5万名萨米人，分别生活在挪威、瑞典、芬兰北部以及克拉半岛。其中挪威的萨米人最多，有4万多人；瑞典有1.5万~2.5万人；俄罗斯约有2000人；芬兰约有7000人。萨米人有自己独特的语言、文字和生活习惯。20世纪中后期之前，各斯堪的纳维亚国家都曾试图同化萨米人，并且禁止在学校和公众场合使用萨米语。但是，20世纪中后期开始，这些国家逐渐认可了萨米文化及萨米语。20世纪70年代，挪威开始的"挪威化"首先承认了萨米语是一种语言。目前，挪威不但有针对萨米人的萨米语报纸，还有萨米语广播和电视节目。挪威对萨米语报纸的补贴开始于1987年。2007年，挪威境内的5家针对萨米人的报纸共获得170万欧元的补贴款，其中定期出版的3家报纸获得了98%的补贴款。这3家报纸中，1家用挪威语出版，2家用萨米语。用萨米语出版的两家报纸中，1家使用的是古萨米语，另1家则是插页性质的报纸。

除这19家非竞争性报纸外，得到补贴的还有120家地方报纸，这些地方报纸的发行量在1000~6000份，挪威媒介管理局要求他们每年至少出版50期。挪威媒介管理机构认为，当一份报纸的发行量低于4000份时，很难盈利，需要得到额外补贴。因此，挪威政府对发行量在1000~

---

① 在挪威大约有2000名中国人，其中留学生为500人左右。

4000份的地方报纸额外给予1.72万欧元的补助。对那些在挪威北部芬马克（Finnmark）地区的城镇出版的报纸则给予双倍补贴。[①]

挪威政府对报业的直接补贴还包括对报纸邮寄费用增长的补贴（从2006年开始发放，补贴对象是每个需要通过邮寄发行的报社，每年约为400万欧元）、特定出版物补贴（约100万欧元）、对北部地区报纸的发行补贴（约20.5万欧元）和媒介研究费用（约160万欧元，这部分资助不直接给报社，而是给从事相关研究的大学或研究机构）。

此外，挪威政府从1978年开始对濒临死亡的报纸给予一次性的"额外实物补助"，但几乎没有成功的案例。挪威政府还曾经在1978~1994年为鼓励市场领先者与次级报纸合作而实施过直接补贴政策，由于效果不甚理想，已在1994年被废除。

尽管挪威政府30多年来拿出了大量的资金对报业实行补贴，较为有效地保护了报业的地区性竞争以及报纸读者可以获得多元化的信息及观点，但由于政府给予的补贴总额不到报业全部收入的2%，并不能从根本上解决那些实力较弱的地方报纸的生存问题。1982年以来，挪威已经有18家获得过政府补贴的报纸消亡了。有专家认为，对于这些报纸来说，报业补贴只是延缓了报纸的死亡，并没有从根本上消除报业死亡的威胁。

因此，保守党从1981年就开始建议政府减少报业补贴的金额。但这一提议受到了中间党的反对。事实上，挪威的报业补贴额往往因为执政党的轮替而发生变化：报业补贴的金额在1983~1986年保守党执政时有所减少，1987~1988年工党执政期间有所增加。1989~1990年，因为保守党政府宣布打算与减少其他产业的补贴一起废除报业补贴，报业补贴再度成为媒介政策的话题。随着1990年工党重新执政，该讨论又变得较少有人关注。20世纪90年代以后，挪威每年有114~139家规模不等的报纸可以获得政府的报业补贴。2006~2007年，挪威有139家报纸得到了政府不同形式的补贴。[②] 由于挪威没有加入欧盟，因此，挪威政府暂时不必像瑞典政府那样，受到来自欧盟要求废除报业补贴制度的政治压力。

[①] 北部芬马克地区多数城镇在北极圈以内，地广人稀，自然条件恶劣，报纸出版、发行的成本更高。
[②] 挪威媒介管理局统计数字。

2008年全球经济下滑后，挪威媒体的收入，尤其是广告收入受到了影响。一些挪威媒体感受到了生存的压力，开始呼吁政府管理部门重新制定补贴标准，加大报业补贴的力度。

2013年，挪威的报业补贴额大约为3.45亿挪威克朗（约合4400万欧元），分配给130家报纸，大约1/3的补贴款被奥斯陆的 Dagsavisen、卑尔根的 Bergensavisen in Bergen 和奥斯陆的 Vårt Land 获得。

一直以来，挪威的报业补贴仅发放给纸质印刷报纸。2014年，右翼政府提出一份有关平台中立（platform-neutral）的建议，认为网络版报纸也可以和纸质报纸一样获得平等的实物补贴。

四 瑞典

对瑞典的许多地方性报纸来说，真正的竞争对手是广播、电视等电子媒介。经过一段时间的较量，报纸和电子媒介形成了自然的分工和稳定的媒介格局。报业在电子媒介的强烈冲击下，依然保持着自己举足轻重的媒介地位。报业发展呈现的这种稳定性，与瑞典政府相关的报业资助政策是分不开的。

和许多西方国家一样，自20世纪60年代以来，瑞典的报业由于纸张价格飞涨和广告业不景气，许多小型报纸纷纷倒闭，竞争中的胜者生存下来，并形成了庞大的私营报业集团，报业越来越走向集中，在新闻市场上呈现垄断的趋势。长期执政的社会民主党政府认为，报刊的多样性对民主的运行至关重要。为抑制报业集中垄断的趋势，瑞典政府根据报业委员会的调查和建议，在1963年决定采取有选择的直接资助政策，以帮助在市场竞争中处于劣势的小报渡过难关，获得生存空间。从1969年开始，政府对私营报业进行资助和扶持。2006年政府给予报业的这种补贴高达5.27亿克朗。

瑞典政府每年给予报业的补贴大约为5亿克朗，补贴分为两种类型——运营补贴和发行补贴。多年来，大多数瑞典人都习惯早晨从邮箱中取报进行阅读，这就需要大规模的投递机构。五家大型发行公司被要求提供报纸投递业务，其中一家是瑞典邮政。瑞典大部分的发行补贴都发放给日报。报业公司向报业补贴委员会申请补贴，2005年瑞典报业发行补贴的总量为 7400 万克朗。

根据相关管理规定，报纸要获得运营资助，必须符合以下条件。

（1）只有报纸或者那些提供新闻、有一定出版周期、类似于报纸的出版物才能获得产品扶持，如果报纸的内容主要局限于某一利益的限定地区或者社会的独特部分，那它就不能获得资助。如报纸的内容集中于有关私人企业与商业、消费者政策、环境问题、体育等，那该报纸就不在获资助的范围之内。

（2）运营补贴的规模取决于报纸出版的频率。报纸必须每周出版至少1期。按照 2005 年的标准，政府每年给予每周出版 1~2 期的报纸 203.5 万克朗的补贴，每周出版 3~7 期的报纸最高 1523.8 万克朗的补贴。对那些在大城市出版的报纸每年最高补贴的总额为 6540.8 万克朗。目前在斯德哥尔摩和马尔默出版的报纸可以获得此类补贴。

（3）报纸必须主要以瑞典语出版，并主要在瑞典国内发行。

（4）报纸应有不少于 2000 份的总发行量，零售为主的报纸以及免费报纸不包括在内。

（5）报纸至少有 51% 的编辑内容是独特的。对低周期报纸而言，其独特的编辑内容必须平均每年总计至少达到 1000 栏米（column meters），如果是都市报，则必须至少达到 30000 栏米。

另外，如果要想获得产品扶持，高周期的低覆盖面报纸的覆盖率不能高于 40%，低周期的低覆盖面报纸的覆盖率要比 40% 更低一些。如果覆盖率在 40%~50%，每提高 1 个百分点政府提供的资助基金将会减少 1/10。

2013 年，瑞典大约一半的报纸获得了补贴，这些补贴直接发放给了市场上排名第二的报纸，大部分是低发行频率的小型报纸。

此外，瑞典报业还享受免除增值税的间接补贴。瑞典报业自 1969 年起免缴增值税，但图书、杂志等出版物不免。1995 年瑞典加入欧盟后，包括报纸在内的文化产品需缴纳 6% 的增值税，但仍低于 25% 的普通税率。减免税率的间接补贴也相当于直接补贴的 5 倍。

这种国家资助报业的政策，在瑞典也存在争论。有人认为，让报纸在经济上依赖国家，与瑞典一贯倡导的言论自由存在矛盾。另外，欧盟竞争委员会也对瑞典的报业资助制度多有质疑。为此,2007 年瑞典文化部专门提交了报告《瑞典报业补贴的市场效果》(*The Market Consequences of Swedish Press Subsidies*),但欧盟竞争委员会还是在 2009 年要求瑞典逐渐削减其对大城市报纸的补贴。该委员会承认媒介多样化对文化、民主的重要性,但同时认为办报属于商业活动,欧盟竞争委员会有责任避免因公共补贴带来的不必要的扭曲的竞争和贸易。

第三节 免费报纸的兴盛及衰落

过去十年,免费报纸在北欧媒介市场中扮演着重要角色。瑞典的斯德哥尔摩甚至被某些人称为"现代"免费报纸①的诞生地。1995 年在瑞典首都斯德哥尔摩创办的《地铁报》是世界上第一份免费报纸。这种免费报纸以广告为收入来源,是一种轻松愉快的报纸,有着千篇一律的模式:简要的国际新闻,文化性特写,地区事件的解释。② 这种报纸大多数在大都市地区免费发放。《地铁报》的发行人恩伯格(Pelle Tornberg)称,《地铁报》的新闻部分可以在 19 分 30 秒内读完。③

一 免费日报的发展与衰落

免费日报(free daily)的理念在 1992 年出现于瑞典,经过了 3 年时间,投资者和斯德哥尔摩的公共交通部门才支持这份报纸。1995 年,瑞典金尼维克集团的子公司现代时报集团在瑞典首都斯德哥尔摩创办了《地铁报》,并在瑞典 3 个城市——斯德哥尔摩、哥德堡和马尔默出版了不同的地方版。

此后,地铁报国际公司很快在捷克斯洛伐克(1996)、匈牙利

---

① 在北欧地区,过去就有一定数量的免费报纸,但那些传统免费报纸与以广告为收入来源的新型免费报纸在编辑理念、发行方式等方面有着诸多不同,也从未经历过新型免费报纸这种从快速发展到急剧衰落的发展过程。
② "Now, a One-currency Newspaper——Free: Metro's freebies have Europe's dailies en garde," *Business Week*, March 18, 2002.
③ "Now, a One-currency Newspaper——Free: Metro's freebies have Europe's dailies en garde," *Business Week*, March 18, 2002.

(1998)、荷兰和芬兰（1999）、智利、美国、意大利、加拿大、波兰、希腊、阿根廷、瑞士和英国（2000）、西班牙和丹麦（2001）、法国、中国、中国香港、韩国（2003）、葡萄牙（2004）、俄罗斯、爱尔兰（2005）、克罗地亚、墨西哥（2006）等国家和地区推出《地铁报》。

截至 2005 年 8 月，地铁报国际公司已经在 18 个国家的 81 个重点城市以 17 种语言推出了 57 个版本的地铁日报。《地铁报》称其拥有 1000 万名读者，该报的发行量占世界免费日报总发行量的 50%。

《地铁报》刚创办时只在地下发行，现在它的触角早已伸向了所有的交通工具。在瑞典，读者每天五六点钟就可以在公共汽车、地铁站和通勤区间火车上取阅《地铁报》，路边的候车亭、大型商场的门口以及公共汽车上，都有它的专设报箱，取阅方便。瑞典最大的媒体调查商 MATS 公司提供的数据显示：目前每 10 个瑞典人中有 6 个人每周最少看两天《地铁报》，该报的读者中有一半是 30 岁以下的年轻人，这是传统报纸最难争取的读者，且都是在早晨时间。①

在《地铁报》获得成功后，许多国家的报纸出版商也开始进军免费报纸市场。这些免费报纸都选择繁华商业区和公共交通网络为主要发行平台，将免费发放点设在铁路和地铁沿线、公交车站点、写字楼、零售商店等人流量大，特别是上班族稠密的地点，采取免费领取和专人发放等模式。

2001 年秋，一些原《日德兰邮报》的记者与瑞典地铁报国际公司合作创办了免费报纸 *MetroXpress*。很快，丹麦出现了一系列类似的免费报纸，其共同特点是报道简短新闻，每周一至周五出现在公交站点和街上。免费日报很快便从哥本哈根扩展至丹麦全国大部分地区。2005 年，免费报纸已占有丹麦 32% 的市场份额。2006 年，冰岛报业公司在哥本哈根创办了免费报纸 *Nyhedsavisen*，它不仅免费赠阅报纸，还免费送报上门，数量达几十份之多。*Nyhedsavisen* 的出现引发了丹麦的免费报纸大战，一时间丹麦全国各地的信箱塞满了报纸，免费报纸的发行量增加到 200 多

---

① 金涛：《〈地铁报〉带来了什么？——瑞典免费报纸竞争策略及其发展趋势》，《新闻记者》2005 年第 2 期。

万份。

  北欧国家的传统报业公司面对免费报纸的挑战，经历了从排斥抵制到主动合作的态度转变。这些付费报业公司开办免费日报的初衷是为了应对免费报纸的挑战，后来他们意识到免费报纸可以作为一种赢利的手段，因而主动进入免费报纸市场。如丹麦的政治报公司创办了《24 小时》，贝林时报公司创办了《城市》和《今天》；瑞典的波尼尔公司创办了《斯德哥尔摩市报》；冰岛 365 媒介集团创办了 Nyhedsavisen；挪威的斯蒂伯斯蒂创办了《20 分钟》等。到 2007 年下半年，《24 小时》已成为丹麦阅读率最高的报纸，每天有读者 53.5 万人，比上半年增长了 12%。[①]

  在北欧，免费日报的理念从未在挪威生效，挪威一直没有出现免费日报。但挪威第一大媒介公司斯蒂伯斯蒂创办的《20 分钟》却是《地铁报》在欧洲最重要的竞争对手。2008 年 5 月，斯蒂伯斯蒂收购了《地铁报》的母公司——地铁报国际公司 30% 的股份。《20 分钟》在西班牙和法国的发展最为成功。该报的西班牙版于 2000 年创办，法国版于 2002 年创办，从创刊开始该报就成为当地阅读率最高的报纸。在西班牙，《20 分钟》的读者数量为 240 万人，《地铁报》的读者数量为 170 万人；在法国，《20 分钟》的读者数量为 240 万人，《地铁报》为 200 万人。

  《地铁报》和《20 分钟》采用了同一种运营方式——创业家模式（entrepreneur-model），即公司用资本化的方式进入一个新市场，但并不互相打压与抢夺市场。由于《20 分钟》的母公司斯蒂伯斯蒂拥有传统报纸、杂志、电视、网络等多种媒体业务，它和《地铁报》的内容设置、表现风格以及对合作的态度等都有所差异。

  与《地铁报》相比，《20 分钟》的视觉表现更加活泼、风格更加口语化、对本地新闻也更加关注，因而不同国家版本的《20 分钟》内容差异较大，《地铁报》各版本之间的差异则较小；《20 分钟》热衷于建立新闻网站，《地铁报》则相对滞后；在与不同国家本土出版商的合作方面，《20 分钟》的母公司一直对合作持开放态度，《地铁报》则不邀请其他合作者参与，尽管《地铁报》也有战略合作伙伴，但该公司要求在每项运

[①] 王宇：《北欧国家报业变革与发展》，《青年记者》2009 年 1 月（下），第 97 页。

作中都持有多数股份。

免费报纸研究专家、阿姆斯特丹大学的传播学副教授派尔特·巴克（Bakker）认为，《地铁报》由于没有其他可以依赖的媒介业务，使其未来处于一种不确定的状态，在争夺免费报纸最高地位的过程中，地铁报国际公司需要更为深入的开发。①

总体而言，2006～2007年是免费日报的"黄金时期"，但这一时期很快转向衰退，而且表现得比传统付费报纸更为迅速。导致免费日报盛极而衰的原因，一方面是报业的总体衰退，另一方面是受席卷全球的经济危机的影响。免费报纸过分依赖广告收入，一旦金融危机影响了其赖以生存的广告业，免费报纸便纷纷倒闭。仅2009年上半年的几个月中，有些免费报纸的广告收入便减少了30%以上，有些更是不得不关门大吉。

2006～2007年，欧洲免费日报的发行量占世界报纸总发行量的2/3以上，但从2007年开始，欧洲免费日报的发行量开始不断下降。在免费日报发展的顶峰时期，欧洲31个国家办有140家免费日报，发行量2700万份；到2012年，还有27个国家开办了75家免费日报，发行量1500万份；2013年，发行免费日报的国家已降至23个，免费日报65家，不到顶峰时期的一半，发行量也降至1400万份；2014年，在免费日报的发源地瑞典也仅有4家免费日报仍在坚持出版。

从市场占有率角度看，2007年，免费日报的市场占有率在60%以上，到2013年已不足30%。从每个国家免费日报的分布看，2006～2007年，每个国家平均有4.5家免费日报，到2012年已不足3家，且多为地方报纸，多数市场不存在竞争。

免费日报的衰退潮在丹麦表现得尤为明显。2006年8月14日至9月3日，短短3周，丹麦出现了5家新的免费日报，有的报纸甚至开办了多个版本，一时间免费日报的版本高达12个。但随后免费日报进入快速衰退期：曾在2006年秋挑起"免费日报大战"的冰岛报业公司出版的免费日报 *Nyhedsavisen* 退出了丹麦报业市场，丹麦各报业公司开办的免费日报相继停办，《地铁报》在丹麦创办的丹麦第一份免费日报 *MetroXpress* 几易

---

① Jennifer Fishbein, "Free Dailies King Dethroned?", *Business Week*, Oct. 24, 2007.

其手后虽勉强维持，但标志性的绿色已从报纸头版消失。①

二 免费报纸对传统报业的影响

继《地铁报》之后，免费报纸在世界各地迅速扩张。截至2008年，免费报纸发行量上升到了每天4000万份以上。有专家认为，免费报纸的成功首先得益于非常有效的成本结构，其次是免费报纸能进入传统报纸目前正在丢失的年轻的阅读群体这一市场。

（一）免费报纸的商业模式

免费报纸采用了与传统报纸不同的模式。

（1）免费报纸周一至周五在都市出版。

（2）免费报纸大多数通过当地的公共交通系统发行。冰岛是少数将免费报纸投递到户的国家之一。

（3）免费报纸的编辑团队较小。如《地铁报》只有40名员工，《20分钟》巴黎分部只有26位全职记者。

（4）免费报纸的内容多为二度整合，主要来自通讯社等外部资源。

（5）免费报纸几乎没有自己的印刷厂。

（6）免费报纸采用麦当劳式的标准化出版方式，《地铁报》在全球的报纸看起来都像是斯德哥尔摩母报的翻版，坚持统一的报头颜色和版式、统一的新闻选择方针、统一的栏目设置等。如在绿色的报头下左边是今晨短新闻+专栏作者头像，左下方为图表式统计数据，右边为新闻照片。头条新闻控制在1800个字母之内，短消息不超过400个字母，整份报纸要使读者能够在20分钟之内读完。

（7）报纸的收入来源为广告，广告与新闻的比例为45:55。

（二）免费报纸对传统报纸的挑战

1. 影响了付费报纸发行量

一般读者认为免费报纸和付费报纸没有差别——报纸就是报纸，但对于报业来讲，免费报纸的兴起和发展对那些付费报纸产生了较为直接的影

---

① 2012年，瑞士媒介集团Tamedia AG收购了该报，并于2013年与其姊妹报合并，报头由绿色更改为蓝色。2014年，该报成为丹麦唯一的免费日报。

响。正如荷兰报纸研究专家派尔特·巴克所说的那样："几乎在全欧洲，你都可以发现收费报纸的发行量在下降"，"经济状况的改善使广告市场更加繁荣，免费报纸正是利用这一优势的最佳途径"。免费报纸不与付费报纸争抢发行地点，它们凭借小报样式、故事简短和方便取阅的优点，在欧洲获得了可观的收益。在《地铁报》出版的国家，竞争报纸的发行量经常会下跌5%～7%。①

2. 改变了读者的阅读习惯

免费报纸随手可得、便于阅读，其短小精悍的内容和花花绿绿的版面使读者只需要很短的时间——通常是15～30分钟就把一份报纸看完。而免费报纸对于没有阅读习惯的人也是很好的助推器，随手拿起的一份报纸说不定就可以培养起一个人的阅读习惯。

瑞典在北欧国家中最早出现免费报纸。2006年秋，瑞典的免费报纸中有11种为日报。一份2006年在瑞典进行的调查显示，如果算上免费报纸阅读率的话，瑞典首都斯德哥尔摩的报纸阅读率高于国内平均水平；而在免费报纸出现之前，斯德哥尔摩的报纸阅读率是低于瑞典其他地区的。这在某些方面可以说明，由于免费报纸比传统报纸更能吸引年轻读者，尽管年轻人的报纸阅读率普遍偏低，大量免费报纸的出现还是拉高了斯德哥尔摩地区的报纸阅读率。

3. 推动广告市场重新划分

免费报纸如何赚钱？答案是依靠吸引年轻人的眼球，然后获得广告收入。过去10年，全球报业广告占广告市场的份额减少了5%，但报纸收入仍呈上升趋势。正如波士顿策略咨询公司的保罗·兹维伦伯格（Paul Zwillenberg）认为的那样，免费报纸为广告商网罗了一批收费报纸无法接触的受众。②

4. 挑战了新闻专业主义

《地铁报》刚创刊的时候，80%的内容来自新闻通讯社，10年之后，这一比例降到50%。而《20分钟》来自通讯社的内容约占20%～30%。

---

① "Now, a One-currency Newspaper——Free: Metro's freebies have Europe's dailies en garde," *Business Week*, March 18, 2002.
② 庄清湄：《免费报纸：纸媒生力军》，《外滩画报》2006年9月11日。

法国媒体专家、世界编辑论坛负责人贝克里·贝特朗（Bertrand Pecquerie）曾经指出："以前，政治家不会接受免费报纸的采访，但现在这种情况已经不存在了。"

5. 改变了报社的组织结构

免费报纸采取定点投放或自取的方式，发行人员较少；信息多为二度整合利用，又以广告资讯为主，采编人员不多。以挪威斯蒂伯斯蒂旗下的免费报纸《20分钟》为例，该报纸的西班牙版和法国版在经济危机之前都是赢利的报纸，其中西班牙的《20分钟》是西班牙全国所有免费日报和付费日报中发行量最大的，接近90万份，但员工只有225名；在法国的《20分钟》是最受大众欢迎的日报，其工作人员数量甚至更少。

除此之外，由于传统纸质报纸对免费报纸的偏见以及相关管理部门并未将免费报纸纳入管理对象的范围，事实上很多国家的免费报纸处于监管的真空状态。

三　非日报免费报的替补性发展

在免费日报衰退的同时，一个值得关注的情况是——全国性的免费日报停办了，但地区性的免费周报增加了。2000年，瑞典有19家地区性的免费周报，到2013年，这一数字增长为113家，合并发行量为370万份。这些以广告为收入来源的免费周报往往由传统报业公司创办或收购，与地方性付费报纸同时发行，在一定程度上弥补了近年来报业萎缩带来的经济损失。

免费报纸在挪威的发展情况同样值得关注，尽管斯蒂伯斯蒂在法国和西班牙都有发行量可观的免费日报，但高频率出版的免费日报（每周出版4~7次）从未在挪威出现，仅有每周出版1~2次的低频率免费报纸，且此类免费报纸的数量有所增长，从1999年的10家增至2012年的34家。2012年，这34家报纸中的15家直接或间接归两大报业集团斯蒂伯斯蒂和Amedia所有。但免费报纸在挪威增长的势头也已经结束，由于这些报纸自2006年以来一直亏损，Amedia于2014年宣布停办了其在奥斯陆地区的所有免费报纸。

冰岛最大的报纸《冰岛新闻报》就是一份创办于2001年的免费报

纸，在只有 32 万人的国家发行量达到 9 万份已属可观。2012 年，冰岛出现了 11 家非日报型的免费报纸，其中规模最大的免费周报 *Fréttatíminn* 的发行量竟然超过了 8 万份。

第四节 市场高度集中的杂志业

杂志业在北欧属于"共同市场"，少数几家泛北欧媒介公司主宰了北欧各国的杂志市场。丹麦的阿勒尔（Aller）、艾格蒙特以及瑞典的波尼尔在丹麦、挪威和瑞典运营，除芬兰外，完全是在各国市场占主导地位的公司。在芬兰，占主导地位的是本土公司 Sanoma 和 Otava Kuvalehdet，阿勒尔是排名第三的公司。在冰岛，杂志市场由本土公司 Birtingur útgáfufélag 占主导。

丹麦的两家公司阿勒尔和艾格蒙特都诞生于 19 世纪 70 年代。阿勒尔在 19 世纪末期就在挪威和瑞典出版阿勒尔家庭杂志。艾格蒙特继 1911 年进入挪威市场后，1921 年也进入瑞典市场，先在瑞典出版《唐老鸭》杂志，后在 20 世纪 40 年代将该杂志的特许权扩展到挪威和丹麦，再以后在芬兰也出版了该杂志。瑞典公司波尼尔自 20 世纪 70 年代后占据丹麦和芬兰市场，80 年代中期以后建立了泛北欧杂志出版公司。

期刊业进入网络比其他媒体晚一些。据瑞典的研究显示，2005 年杂志网络版还不是特别复杂，缺少一些功能和服务。2005 年以后，杂志出版商们开始将网络作为联系其发行量和品牌的纽带。一些大型出版商开始将其多个出口的内容整合出现，如波尼尔在其儿童站点 alltombarn.se 使用其杂志和报纸的内容。其他策略包括利用现存站点和实现公司的整合效应，如阿勒尔通过与其他平台的企业合资补充杂志出版等。

一 丹麦

丹麦的杂志包括周刊、月刊和季刊，多数为专业性刊物。其中周刊分为家庭或妇女杂志、画报式周刊。家庭和妇女杂志的内容以时尚、家庭、生活方式类报道和系列小说、短篇小说等轻松类阅读内容为主，画报主要包括影视娱乐内容，如明星八卦等。此外还有专业期刊以及相关的公告、期刊等构成的数量庞大的杂志类型，难以界定。总体来说，这些杂志提供针对专门人群的特定内容，各自拥有精准的受众群体。

丹麦杂志绝大部分自负盈亏，以广告为收入来源。其中，女性杂志、男性杂志、八卦和电视杂志以及电脑和体育类杂志最受欢迎。丹麦的妇女杂志虽然只有3种，但发行量占14%，1982年则占21%。家庭杂志有4种，1982年的发行量占45%，2001年降为42%。发行量最大的《家庭杂志》(Familie Journalen)是一份非常传统的家庭杂志。由于市场竞争激烈，经常有杂志因竞争不过而倒闭，短命杂志的数量不少。与报纸发展的态势类似，丹麦杂志的发行量近年也有所减少，只有明星八卦类杂志的发行量有所上升，4种杂志的发行量从1982年的50万份增加到2001年的70万份。这些杂志多报道人们感兴趣的皇室成员的新闻以及有关皇室的各种事情，还有影星、流行歌星的绯闻等。这些杂志有大量的图片和简要的文字说明，能够较好地抓住读者的"眼球"。

丹麦还有一小部分免费的公益杂志，大多以各类政党和组织为主创办。这些非营利性杂志多数可以得到国家资助拨款，但其收支账目必须公开。纯文化类、学术性的刊物还可以得到有关基金会的支持。丹麦对这些非营利杂志的资助来自对彩票、赌场等活动征收的税金。此外，丹麦政府对企业做杂志广告采取减免税收的有利政策，企业对在杂志上做广告的积极性较高。

近20年来，丹麦的周刊市场完全由两家丹麦媒介公司控制，其中艾格蒙特占1/3，阿勒尔占2/3。

二 芬兰

芬兰人不仅报纸阅读率高，杂志阅读率也相对较高。从经济收益上看，杂志在芬兰是仅次于报纸的第二大媒介，2004年芬兰杂志的销售纯收入为6.81亿欧元。在芬兰，大约60%的人每天阅读杂志，每个芬兰人平均阅读12本杂志，每本杂志花58分钟。2007年，芬兰杂志广告收入占媒体广告收入的17%，接近欧洲平均水平。

第一份芬兰语的期刊是艾里阿斯·隆洛特（Elias Lönnrot）创办的 *Mehiläinen* (1836~1837, 1839~1840)。芬兰语和瑞典语的双语宗教杂志

Hengellisiä Sanomia 也在 1936~1938 年发行。在芬兰出版时间较长的杂志还有关于经济问题的杂志 *Teknologen*（1845~1848）和 *Lukemisia Maanmiehille*（1849~1850）等。芬兰最古老的专门性杂志是医学杂志 *Duodecim*，现为 *Suomen Lääkärilehti*（1885 年创刊至今）。第一份画报是 Julius Krohn 创办的 *Maiden ja Merien takaa*（1864~1866），此外还有 *Suomen Kuvalehti*（1873~1880）和 K. J. Gummerus 创办的 *Kyläkirjaston Kuvalehti*（1878~1918，其发行量曾达到 2 万份）。[1]

19 世纪中期，芬兰出版了 20 种不同的杂志，由于有限的读者和严格的检查制度，这些杂志都很短命。瑞典语的杂志通常比芬兰语杂志发行量更大、存在时间更长。从 1850 年开始，杂志的传统形式向新的职业群体、意识形态以及妇女杂志、儿童杂志、启蒙杂志等方向发展。目前，芬兰的杂志呈多样化，有妇女杂志、儿童杂志、画报等消费性杂志以及各类专业性杂志。80% 的杂志都是通过订阅发行的。

目前芬兰有 3500 种杂志和期刊，每年出版 4~52 期不等。其中，周刊大约 60 种。以瑞典语出版的有 220 种，以其他语言出版的有 670 种。芬兰 87% 的杂志依靠订阅发行（在欧洲是最多的），13% 依靠零售。杂志市场竞争激烈，每年新创办的杂志和期刊大约有 30 种，但多数杂志的生命周期都很短暂。

2006 年，芬兰的杂志按照出版数量（发行量×每年出版的期数）可以分为以下类型：专业性和贸易杂志 1916 种，占全部杂志的 74%，比 2002 年减少了 260 种，但份额增加了 3%；大众化杂志（包括大众兴趣类杂志和家庭杂志、女性杂志、男性杂志、儿童杂志、青年杂志、特殊兴趣类杂志等）347 种，占 13%，比 2002 年增加了 26 种；消费者和家庭合作杂志，171 种，占 7%；观点类杂志（社会、政治、文化、宗教及其他主题）154 种，占全部杂志的 6%，比 2002 年减少了 10 种。由于媒介垄断市场的发展，综合性杂志已经不多。芬兰全国只有一份新闻周刊，是由 Yhtyneet Kuvalehdet 出版的《芬兰画报》(*Suomen Kuvalehti*)。

---

[1] Jyrki Jyrkiäinen, "The Finnish Media: Outlets Increase, Audiences Diversify", http://virtual.finland.fi/netcomm/mews/showarticle.asp? intNWSAID = 27113.

芬兰有3种发行量超过100万份的杂志，分别为 *Pirkka*、*Matkaviesti* 和 *Yhteishyvä*，这3种杂志是投递上门的消费者杂志。芬兰版的《唐老鸭》（*Aku Ankka*，发行量30.1万份）和老年人杂志 *ET-lehti*（26.5万份）的发行量也比较大。《唐老鸭》杂志因其高水平的芬兰语写作还获得了芬兰语教师协会颁发的奖项。在芬兰的大众杂志中，女性杂志值得一提。芬兰有30种女性杂志，发行量200万份，而芬兰的女性人数为267.4万人，由此可见芬兰女性对杂志的热爱程度。芬兰女性偏爱家居和厨艺类杂志，发行量最大的3种女性杂志都与家庭生活有关。

三 冰岛

与北欧其他国家出现的杂志市场"泛北欧"化不同，冰岛的杂志一直掌握在冰岛出版商手里。有些杂志是冰岛出版商自己创办的，有些则是从其他国家的出版商手中获得特许经营权。冰岛的消费者杂志市场除了一些小规模的独立出版商外，可以说是 Birtingur útgáfufélag ehf. 公司一家独大。曾经有很长一段时间，冰岛境内的外国杂志只有《读者文摘》（*úrval*）和《唐老鸭》（*Andrés Ond og félagar*）。

20世纪80年代以后，综合性杂志开始衰落，专门性杂志开始兴起。过去20年，冰岛的杂志数量增加了一倍，但真正成功的都是那些针对细分市场的，对市场有着良好感觉、投资额大、适应性强的杂志。除综合类杂志外，还有烹饪、室内设计、科学普及、妇女杂志等专业类杂志，其中综合性的娱乐杂志最受欢迎。

为顺应网络化的潮流，冰岛一些消费类杂志开办了网站，但并不提供纸质版，只是作为对最新杂志的一种宣传而已。

近年来，一种在商店、杂货摊可以随便取阅的新的杂志类型开始出现，这些杂志完全依赖广告，内容也主要是社论式广告，依赖最新的时尚，因而也比较短命。

四 挪威

19世纪末，挪威出现大众杂志（也称为家庭杂志，即针对全家的通俗内容周刊)①。由于丹麦语对挪威语的影响，挪威人阅读丹麦语杂志毫无困难，所以当时挪威的杂志带有强烈的丹麦色彩。久而久之，丹麦杂志出版商开始进军挪威市场。很早的时候，丹麦出版公司家庭出版社（Hjemmet）和阿勒尔出版社就开始在挪威建立分支机构，并出版挪威版的杂志。这两家公司由此在挪威扎下根来，并且逐渐从期刊扩展到了其他媒介领域。

20世纪三四十年代，大众周刊非常流行，出版商开始出版更为专业化的杂志，先是妇女杂志，然后是男性杂志。第二次世界大战结束后，挪威开始出现新闻杂志和卡通杂志。其中最成功的是家庭公司发行的美国迪士尼公司授权出版的杂志《唐老鸭》，该杂志在全球拥有众多的读者。20世纪60年代以后，挪威杂志出版商的数量开始减少，只有丹麦的家庭公司、阿勒尔以及挪威的穆尔顿森（Ernst G. Mortensen）得以存活下来。穆尔顿森公司在20世纪80年代早期被挪威公司奥卡拉收购，家庭公司则成为埃格蒙特公司旗下的杂志出版商。

1978年，阿勒尔公司出版了专门反映名人私生活的《看和听》杂志（*Se og Hør*），其报道重点是皇室和娱乐明星的生活。该杂志一经出版立即获得巨大成功。近年来，挪威的大众杂志发行量下降幅度较大，20世纪80年代传统大众周刊的期发行量为30万~40万份，目前多数杂志的发行量已降至20万份以下，只有《看和听》依然保持较大的发行量。

目前在挪威杂志市场上地位强大的是周刊。这一方面是杂志业与其他大众媒体竞争的结果，另一方面在于杂志业更好地迎合了受众细分的趋势。20世纪90年代，挪威的周刊主要是通俗家庭杂志、妇女杂志和家庭生活杂志及明星杂志等。1992年，丹麦的埃格蒙公司和挪威的奥克拉传媒公司各出资50%，将原有的家庭公司（埃格蒙公司旗下的杂志公司）和穆尔顿森公司合并组成挪威最大的杂志出版商——家庭-穆尔顿森（Hjemmet-Mortensen）公司。该公司和丹麦的阿勒尔公司完全垄断了挪威的杂志市场。最近几年，瑞典媒介公司波尼尔也开始进军挪威杂志市场。

近年来，虽然大众周刊发行量萎缩，但挪威的杂志已逐渐细分到汽

---

① 当时丹麦和挪威的文字语言是一样的。

车、船舶、计算机、旅行、业余爱好等领域。除日报和周报外，挪威还有大量的商业杂志和学术期刊。

值得一提的是，尽管挪威有详尽的报业补贴计划，但没有针对期刊和杂志的补贴计划。在挪威，除少量文化类杂志可以得到一些补贴外，只有一些政党杂志、文学或政治团体的杂志不需要缴纳增值税，其他周刊还需要缴纳20%以上的增值税。挪威的一些杂志出版商们曾经发起过一场要求政府减免增值税的运动，但未能获得成功。

五 瑞典

瑞典杂志业从20世纪30~70年代一直保持相当稳定的发展势头，最常见的杂志形式为周刊。瑞典杂志发行量较大的有家庭类杂志、女性杂志、休闲杂志、消费者杂志、新闻周刊、专业性杂志、贸易杂志以及非商业性期刊等。过去，瑞典的家庭类杂志和女性周刊的发行量最大，但随着媒介竞争的加剧以及瑞典妇女越来越多地从事专业领域的工作，此类杂志的发行量呈下降趋势。另外，由于年轻人更乐于看电视、打电子游戏和上网，各种漫画杂志的发行量从20世纪90年代中期以来也开始停滞不前。与这些杂志发行量下降相对的是，专注于一个或一个以上市场细分的小型杂志出版商的兴起，这些兴趣类杂志包括汽车、马术、滑雪、打猎、钓鱼、历史、音响、旅行、儿童、手机、数码相机以及古董等。其中规模最大的Albinsson & Sjöberg公司出版了一系列汽车杂志。此外，还有数百种科学、技术、经济和文化杂志由于特殊的政府补贴而得以生存。政府对这些杂志的支持主要是为了维护新闻自由和保持信息的多元化。

由于瑞典杂志市场细分化明显，杂志和杂志出版商的数量都比较多。新杂志出现和消亡的速度都非常快，让人感觉就像走马灯一样，旧杂志不断消失，新杂志不断出现，仅在2005年，瑞典新出版的杂志就有150种。杂志发行商Tisan公司每年要向1万个销售网点投放约275种、3200个版本的杂志，其竞争对手Interpress每年则向市场投放200种瑞典杂志和1800种国际杂志。瑞典杂志种类之多可见一斑。

但从所有权结构方面看，瑞典杂志业的集中化程度很高，瑞典的媒介集团波尼尔家族及丹麦的两家公司阿勒尔和艾格蒙特是瑞典期刊业三巨头。这三家公司中，波尼尔集团是瑞典专门杂志的重要出版商，尤其是生活方式杂志和内部装修杂志的主要出版商。波尼尔家族出版的多数瑞典语杂志都归于 Bonnier Tidskrifter 公司旗下，该公司出版大约 10 种专业杂志、4 种生活形态和时尚杂志。Bonnier Tidskrifter 公司丹麦分部出版 6 种专门性杂志；阿勒尔公司致力于传统的周刊出版并在瑞典的家庭和八卦杂志上占有主导地位，该公司还出版专业杂志、贸易杂志和成人杂志；另一家丹麦出版商艾格蒙特则主要出版动画杂志、儿童杂志及通俗杂志。艾格蒙特和挪威的奥克拉公司合资的挪威杂志公司还在 2001 年收购了出版大约 15 种专门杂志的穆尔顿森公司，成立了现在的新公司——穆尔顿森公司。

Forma 出版社（以前的 ICA 出版社[①]）和 LRF 传媒的杂志发行量也比较大。Forma 出版社发行 2 种专门性杂志、大约 10 种贸易杂志以及消费者杂志 *Buffé*，发行量大约为 200 万份。其中 *ICA-Kuriren* 的发行量达 34 万份。LRF 传媒拥有一些专门杂志和贸易杂志，多数与农场和农村生活有关。

瑞典最有影响力的女性杂志 *Amelia* 创刊于 1995 年，是一本面向 25～45 岁读者的双周刊，内容聚焦在两性关系、工作、时尚、美容、健康、室内装饰和男人。和该刊由同一个创办人创办的另一本杂志为 *M*，是 Muppie 的缩写，指成熟、富有而富有开创性的人。按照创办人 Amelia 的说法，如果说 20 世纪六七十年代的女性是 Hippies 一族，她们在追求自由，那么在八九十年代，Yuppies 女性则开始思考自我。[②] 到了 21 世纪，50 岁以上的"Mappies"女士们有了钱，又有时间，那么应该怎样去寻找人生新的方向，让梦想再次放飞？Amelia 答案是："生命充满了可能！一个真正的 Mappie 如此认为。"[③]

从 20 世纪 80 年代末期开始，北欧杂志出版商已经面临来自大型国际杂志出版商的竞争。世界上最大的杂志出版商法国桦榭集团（Hachette Filipacchi Médias）在瑞典出版了瑞典版的《她》（*ELLE*）和 2 种专门杂

---

① ICA 是瑞典一家著名的超级市场连锁集团，后涉足杂志领域，出版一系列生活服务类杂志。
② Hippies、Yuppies 分别为"嬉皮士"和"雅皮士"。
③ 《瑞典 CSR 之旅：拜访瑞典最大的媒体集团之 Bonnier Magazines》，http：//blog.sina.com.cn/s/blog-647848dd0100hbmv.html。

志、男性生活方式杂志；美国出版商 IDG 是瑞典电脑杂志的领导者，其出版的《计算机世界》的发行量达到 10.5 万份；荷兰的 Telegraaf Media Groepfinns 出版专业杂志 *TTG*，并与赫斯特公司联合出版了《大都会》(*Cosmopolitan*)；此外还有瑞典版的《国家地理》等。

尽管网络的出现和兴起在一定程度上减少了杂志的发行量，但并未削弱杂志的角色和功能。相反，许多网络运营商也出版印刷杂志。由于纸质版杂志精美的图片和文字，人们仍然喜欢阅读纸质版杂志，只是综合性大众化杂志已逐渐丧失它的魅力。

第三章 双轨制下的视听业发展

第一节 广播电视双轨制的形成与发展

与世界上大多数国家一样，在北欧国家的广播诞生前，无线电业务均由国家垄断。20世纪20年代后，北欧国家相继效仿英国公共广播公司的模式建立了公共广播公司，这些广播公司在第二次世界大战前都是该国唯一的广播公司，面向全国听众提供一套节目。第二次世界大战结束后，世界各国相继开始了电视试验，北欧国家也不例外。与世界上大多数国家相比，北欧国家的电视服务开始得相对较晚。

20世纪80年代后，受世界范围内解除管制的影响，北欧国家的广播电视业也开始进入双轨制时代，但受政策和技术双重影响，北欧地区的商业广播电视发展受到限制，那些获得全国性执照的电视公司获得执照的必要条件之一就是要承担一定的公共责任，制作时事类节目和以文化多样性为目的的节目，娱乐节目的比例比纯粹商业化的频道要低。在北欧商业广播电视市场上获得成功的，都是那些开办泛北欧频道的大公司。

进入21世纪后，随着新兴媒体的逐渐渗透，广播媒体的地位在逐渐下降，北欧各国听众用于广播收听的时间都在不断减少，其中主要的听众流失发生在年轻人当中。但与商业广播相比，公共广播频率的市场地位仍然稳固且强大。

北欧国家较早完成了地面电视的数字转化[①]，使北欧地区出现了许多

---

① 各国地面电视数字转化的时间分别为：芬兰，2001～2007年；瑞典，2005～2007年；挪威，2008～2009年；丹麦，2009年。

新的电视频道，这些新兴数字频道虽然不能覆盖全境，但有的可以达到半数左右的人口覆盖率，为其进一步发展提供了可能。尽管北欧国家的互联网普及率很高，但在 2005～2010 年，北欧国家居民看电视的时间还是增长了 15%，从每天平均 2.5 小时增至 3 小时。这一增长在丹麦表现得尤为明显。2010 年以后，随着 Youtube、Netflix 等进入北欧地区，各国居民尤其是年轻人看电视的时间开始减少，但仍然多于数字电视普及之前的电视收视时间。数字电视带来的大量新增的电视频道重构了北欧地区的电视市场：一方面是各国规模最大的几家电视频道仍然占有一半以上的观众份额；另一方面则是这些频道的观众开始流失。只有冰岛的情况比较特殊，冰岛最大的 3 个电视频道拥有全国 94% 的电视观众。

（一）丹麦

丹麦政府 1907 年颁布的一项法令规定，包括无线电在内的电信业务都由国家垄断。丹麦的无线电广播开始于 1922 年。这一年，《政治报》广播部开始了面向广大公众的试验广播，播出的节目主要为音乐节目。1923 年，开始播出每周新闻报道节目。这一时期，一些私人广播业者相继开办了一些以广告和赞助费为主要经济来源的私营电台。1925 年 4 月 1 日，丹麦政府从私人俱乐部手中接管了广播电台，并成立了一个专门的接管委员会以检查节目供应。

丹麦政府接管广播，是因为他们想控制广播这一新兴媒介来服务公众。次年（1926 年），丹麦政府按照英国广播公司的模式将接管的广播电台改组为国有垄断的丹麦广播电台（Statsradiofonien，丹麦语的"广播"，该公司于 1959 年更名为 Danmark Radio）。丹麦广播公司作为独立的公共机构，既不是一个私营企业，也不是任何政府分支。当时，丹麦政府决定，广播新闻节目由报业组成的专门机构 Pressens Radioavis 编辑并播出。丹麦报纸对广播新闻节目的垄断一直持续到 1965 年。

第二次世界大战期间，丹麦被德军占领，丹麦广播公司的节目也受到德军的审查。1940～1945 年，由英国广播公司和瑞典广播电台负责制作丹麦语的节目并进行播音。第二次世界大战结束后，丹麦广播公司恢复正常播出，并在 1951 年开播了只在晚间播出节目的第二个广播频率 P2 (program 2，该频率为文化频率)。

从第二次世界大战结束以后到20世纪50年代的广播黄金岁月中，丹麦广播公司的公共服务广播都没有受到什么大的挑战，但在20世纪50年代后期，非法的私营频道使该公司面临前所未有的严峻挑战。1958年8月2日，从丹麦海上的一艘商船"Cheta II"中传出了商业频率"水银频道"（Radio Mercur）播出的声音，该频率面向丹麦和瑞典两国播出通俗音乐、娱乐和广告节目。另一个私营频率丹麦商业广播DCR也从1961年9月15日开始播出，DCR在1962年1月29日停播后与水银频率合并为一个频率——水银频率。水银频率受到了年轻听众的欢迎。尽管政府在1962年7月31日取缔了这一非法广播频率，但丹麦广播公司已认识到广播电台需要满足听众对娱乐节目的需求，尤其是要满足青年听众对音乐的需求。这成为丹麦广播公司开办第三套节目P3的一个主要动因。1964年P3开播后，丹麦广播公司雇用了很多原先水银频率的工作人员。

与欧洲大多数国家一样，丹麦对电子媒介的放松管制始于20世纪80年代。然而这种变化并未马上发生，丹麦广播公司丧失垄断地位以及政府对电子媒介商业力量的有限放开都是逐步发生的。其中，地方广播频率的出现对丹麦广播结构的变化产生了重要影响。

1981年丹麦议会通过一项法律，允许地方广播电视频道开始试验性播出。两年后，随着地方广播试验播出的开始，丹麦广播公司的垄断宣告结束。1986年，地方广播频率开始固定下来。丹麦政府开办地方广播电台的初衷是建立多样化的舆论环境、促进民主进程以及使公众在媒介上发声成为可能。1988年，丹麦政府修改法律，开始允许私营电台有限度地播出广告（广告时段不超过全部广播时间的10%）。随后，政府开始允许私营电台接受节目赞助。到1990年的时候，地方广播频率的数量达到顶峰，当时大约有350家地方频率在播出节目。随后，地方广播的数量开始减少，最终固定在300家左右。这些电台在收听率和节目量方面的差距都很大。

20世纪80年代末90年代初，丹麦的地方广播电视开始分化为两种类型：一类是拥有专业化的电台员工且覆盖较大范围的商业电台；另一类则是由志愿者制作节目、依靠多样化的收入维护运营的非商业电台。这些非商业电台可以获得政府的公共补助金（public grant）。1988年，政府决定建立"地方广播基金"来支持地方电台的发展，要求商业电台每年上缴10%的收入，再由政府将其分给非商业电台，有点劫富济贫的味道，因此该基金也被称为"罗宾汉基金"。但事实上，商业电台会采取各种办法逃避上缴收入。政府不得不在1991年取消了这项基金。

丹麦广播业的另一个重要变化发生在1989年。这一年，全国性的广播节目的编排方式从带状变成了框架式。1989年以前，丹麦广播公司的广播节目分别由一系列节目部门制作，每个部门制作一定量的节目，彼此之间毫无联系的节目按照带状进行编排。1989年，经过改革，丹麦广播公司转而成立了一系列节目组负责不同频率的节目。这种新的节目框架可以被视为迈向格式化电台的第一步。

1992年1月1日，丹麦第一家格式化电台P4开播。类型化广播将节目框架根据年轻人、老年人、城市人和农村人等的特定需要进行调整，且特别节目内容（新闻、谈话、文化、区域性节目或特殊音乐）占主导。

2003年，丹麦出现了两个全国性的商业广播频率。第五个全国性频率的执照发给了默多克旗下的Sky Radio A/S，第六个全国性频率的执照发给了荷兰的Talpa国际广播。这两个频率都向政府缴纳特许经营费，而且第五个频率有义务制作新闻节目和播出斯堪的纳维亚音乐节目。其后，第五个频率几经易手，第六个频率Radio 100 FM则一直掌握在荷兰Talpa媒介手中。Sky Radio在2005年停办后，政府所有的TV2于2006年获得了这一特许。TV2从2007年开始播出广播节目，于2008年中停办该频率。其后，SBS开办了Nova FM，TV2拥有该频率20%的股份，将继续缴纳服务费至该执照期满。

目前，丹麦有6个接近覆盖全国的调频广播频率和大约300个私营或非私营的地方广播频率。丹麦广播公司拥有4个全国性广播频率，第五个和第六个频率都是商业频率，Nova FM覆盖丹麦84%的人口，Radio 100 FM覆盖丹麦37%的人口。地方频率则多数属于某些广播网，而这些广播网又隶属于各地方性或地区性报纸。每个广播网内的频率在节目或广告播出方面进行合作。

与北欧其他国家不同，丹麦的地方广播电台和报纸都能获得政府的补贴。地方广播电视委员会（Committee of Local Radio and TV，简称 CLRT）负责分配对地方电台的资助金额。政府规定，满足以下条件的地方电台可以获得政府的补贴：定期播出达 6 个月且每周播音 40 小时以上；节目以地方性资讯和时事讨论等内容为主，可以满足特定地方受众的需求；没有固定雇员，没有广告收入。1994~1996 年，政府给予地方电台的补贴达 750 万克朗，但丹麦政府并不向地方电视台发放补贴。1996 年，丹麦政府建立了新的补贴制度来支持非商业地方电台的发展。政府规定，在 1997~2000 年，三类电台可以获得政府补贴：地方广播电台和电视台的试验播出，媒体学校的试验播出和地方非商业电台、电视台。2001 年，自由党和保守党的新政府上台后，撤销了地方广播电视委员会（CLRT）、减少了政府补贴的数量，并考虑停办地方广播电视台。丹麦文化部长发起了一个关于地方广播电视台受众数量的调查，随后发现地方广播电台和电视台的受众数量很大。因此虽然政府决定仍然保留地方广播电台和电视台，但从 2006 年起开始减少政府补贴的数额。

（二）芬兰

芬兰的广播业开始于 20 世纪 20 年代中期，芬兰广播公司在 20 世纪 80 年代以前垄断了芬兰的广播市场。芬兰电视业的情况则有所不同，芬兰是北欧国家中最早开始实行电视双轨制的国家，也是欧洲较早开办私营电视台的国家。1957 年，芬兰广播公司的电视频道 YLE TV 和芬兰第一家私营电视台 MTV 同年开播。此后 30 多年，MTV 在芬兰广播公司的两个电视频道中以窗口的形式播出电视节目和广告。MTV 在 1993 年获得了芬兰第 3 个地面电视执照，在 1997 年第四频道 Nelonen 开播前，该频道是唯一的全国性电视广告经营者。20 世纪 90 年代中期，国际传媒公司开始进入芬兰广播电视市场。2001 年，芬兰开始实施广播电视的数字化转换，并于 2007 年 9 月 1 日起在全国停播所有模拟电视节目而改播数字电视节目，从此芬兰开始全面进入数字电视时代。

近年来，芬兰人用于收听广播和收看电视的时间逐渐增加（见图 3-1），2008 年，芬兰人用于收听广播和电视收视的时间分别为 3 小时 15 分钟和 2 小时 57 分钟。值得注意的是，尽管芬兰的电子媒介近年来取得了较大发展，但仍然仅占不到 1/5 的媒介市场份额，比欧盟 15 国的平均水平低 10 个百分点。①

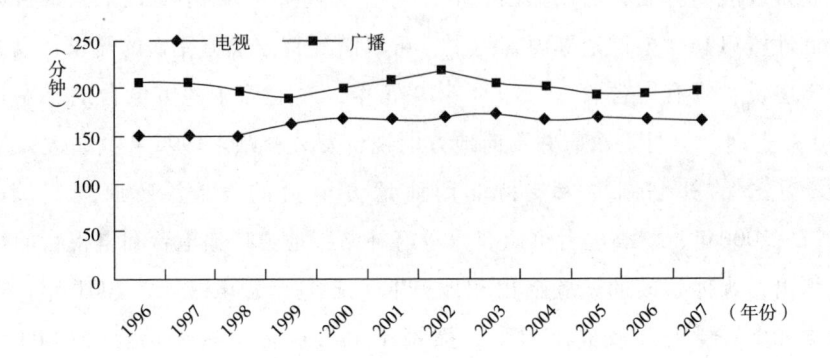

图 3-1　芬兰人每天收听广播收看电视的时间

数据来源：Finnpanel 及芬兰广播公司受众调查部门，广播调查对象为 9 岁以上人口，电视调查对象为 10 岁以上人口。

20 世纪 20 年代广播诞生后，芬兰一些业余广播爱好者和私人公司也开始进行广播的试验播出。芬兰第一家广播电台是业余广播爱好者 Mr. Arvi Hauvonen 在坦佩雷开办的坦佩雷电台（Tampereen Radio），该台在 1923~1930 年播音。② 这些业余电台的经济来源为广告，但未能获得成功。1926 年，私营的芬兰广播公司（Oy Ylesradio Ab，简称 YLE）建立并开始播音。其后，芬兰广播公司垄断了芬兰的广播业，遍布全国的广播俱乐部和广播社团开始转播芬兰广播公司的节目，到 1929 年，芬兰已经在赫尔辛基、坦佩雷、波里等大城市建立了连锁转发器。到 1935 年，所有尚存的私营广播俱乐部的设备都被芬兰广播公司购买。于是该台被改组为英国广播公司那样的公共服务广播。

20 世纪 60 年代末期，芬兰广播公司的节目开始受到来自波罗的海沿岸船只的商业私营电台的挑战，芬兰第一家商业电视公司 Mainos-TV-Reklam 也对开办商业广播有着浓厚兴趣，但芬兰政府一直没有放

---

① Eva Harrie, compiled, *Media Trends* 2006. Radio, Tv and Internet, Göteborg: Nordicom, 2006.

② Barry Mishkind, "This is the International Section of The Broadcast Archive", http://www.oldradio.com/archives/international/germany.html, 2001 年 8 月 24 日。

松对芬兰广播业的管制，直到 1985 年才颁发了第一个地方商业电台执照。

1985 年，芬兰开办了第一家地方商业电台。与其他北欧国家限制地方电台播出广告的政策不同，芬兰政府从一开始就允许地方商业广播电台播出广告。而且，地方企业、报纸出版商甚至政党都可以拥有商业广播电台的所有权。当时的地方商业电台执照由国务院颁发，但禁止转让。尽管地方商业广播在诞生之初被芬兰人看作推进地方文化、促进沟通交流和开展时政讨论的新渠道，但很快各家电台就开始采用可以面向大众的音乐和娱乐节目来吸引听众。

第一家地方私营电台出现 5 年后，芬兰的商业广播电台数量迅速增加，广播收入随之提高。在与地方商业电台争夺听众的过程中，芬兰广播公司丧失了相当数量的青年听众，这迫使其在 1990 年 6 月将第三个广播频率 YLE 3 重新定位为面向年轻听众的频率。

20 世纪 90 年代初，芬兰经济衰退对商业广播产生了影响。商业广播的收入连续 5 年下降，一些商业广播电台开始退出广播市场。在 90 年代中期以后，地方商业电台开始播出更多的对象性节目，其中大多数是面向年轻人的音乐节目。

1997 年 5 月，芬兰第一个全国性商业广播电台 Radio Nova 开播，芬兰商业广播业迎来了历史性的转折。与此同时，芬兰境内达到准全国覆盖的商业广播电台连锁开始增加其市场份额，商业广播几乎覆盖了整个国家。

2008 年，芬兰境内有 10 家全国性或准全国性商业电台和 47 家地方私营电台，这些商业电台中只有 Radio Nova 是一个全国性广播频率，其他的是准全国性频率[①]或覆盖多个城市的电台连锁企业。

芬兰的商业广播电台夺走了公共广播机构芬兰广播公司的听众市场。过去 10 年间，芬兰广播公司在芬兰 9 岁以上人口中的每日到达率已经从 1995 年的 67% 降至 2005 年的 45%；商业广播的每日到达率则从 1995 年的 39% 增加到 2005 年的 52%，在 55 岁以下的听众中，商业广播的收听

---

① 准全国性频率指频道到达若干区域的广播频率，芬兰有 9 个准全国性频率。

率高于公共广播公司。

芬兰电视业诞生在 20 世纪 50 年代中期，早于一般的北欧国家，值得一提的是，该国的电视业从一开始实行的就是公营、私营相混合的管理体制。

1958 年，芬兰广播公司开始开办电视频道 YLETV，同年，商业电视台 Mainos-TV-Reklam（简称 MTV）在芬兰广播公司的电视频道以窗口形式播出节目。

从历史上讲，芬兰电视业的管制解除始于 1986 年，一个纯粹商业化的频道获得了营业执照。该公司是由 MTV 芬兰、芬兰广播公司和诺基亚共同所有的三频道。开办该频道的媒介政治原因是为电视吸引更多的广告收入，尽管文化政策议题是为国内独立制片商提供一个电视频道。后来论证实际破产，MTV3 现在成为 MTV 芬兰和三频道的整合。

1993 年，MTV3 获得了属于自己的电视频道 MTV3，但 MTV3 很快面临来自全国性商业部电视台的竞争。1996 年，芬兰政府将第四个全国性电视频道的执照颁给了商业电视台 Nelonen，该台于 1997 年 6 月正式开播。

除地面电视外，芬兰境内还有大量的卫星电视频道和有线电视频道。芬兰有将近 100 万户家庭，42% 的家庭有有线电视接口，15% 的家庭有卫星电视。一些主要的城市地区实际上被有线电视网络覆盖。根据"必须传送（must-carry）"的规定，所有的地方有线网络都要转播国家电视广播业者的节目。广告不得超过每个频道 11% 的广播时间，但不适用于外国卫星电视频道。芬兰频道的节目要求包括 25% 的芬兰语节目。在芬兰可以接收大约 40 个外国卫星电视频道。芬兰的卫星节目或者芬兰语字幕的卫星节目在 20 世纪 90 年代有所增长。

在芬兰播出的外国电视节目没有配音的传统，一般采用打芬兰语或瑞典语字幕的方式播出。芬兰广播公司新开播的数字电视频道由机器配音。

（三）冰岛

由于位置偏僻、国家较小等原因，冰岛开办广播和电视服务都是北欧五国中最晚的。

1930 年 12 月 21 日，冰岛广播公司（Ríkisútvarpið，简称 RÚV）开始

播音。公司开办之初只有一个频率 Ras 1，每天播音 3~4 个小时。第二次世界大战期间，该公司一直在正常播音，第二次世界大战后的发展也一直比较平稳。1983 年 12 月 1 日，冰岛广播公司开办了第二个全国性的广播频率 Ras 2。1986 年以前，冰岛广播公司一直是冰岛广播市场的垄断者。

私营广播放开几个月后，Bylgjan 开播，该频率是冰岛第一家也是现存时间最久的私营广播频率，播出新闻节目、谈话节目和音乐节目。冰岛广播市场一直处于变动中，新台涌现后又消失。目前，冰岛国内共有 22 个调频广播频率和一些学生/青年频率，其中 4 个为全国性频率。冰岛广播公司除了拥有 2 个每天播出时间在 18~24 小时的全国性频率外，还有 3 个地区频率，每周三播出几小时节目。除 Bylgjan 外，还有 FM 95.7 也是全国性的私营广播。剩下的私营广播多数是半全国性的频率，可以覆盖 2/3 的人口。这些商业频率大部分是音乐频率，也有的播出谈话节目、热线电话或忏悔节目等。商业频率中有 6 个归于媒介 365 公司旗下，其余的则由小型个人公司或宗教团体开办。就收听率和收入而言，冰岛广播市场基本由冰岛广播公司和媒介 365 公司平分。2008 年，冰岛广播公司占冰岛 57% 的广播市场份额，媒介 365 公司占 43%。

1955 年，美军基地开办电视台后吸引了很多冰岛观众。为迎接挑战，冰岛广播公司于 1966 年 9 月 30 日开办了电视频道 RÚV-TV，该频道是冰岛开办的唯一的全国性电视频道。根据《公共广播法》，冰岛国家电视台需要播出面向所有观众的内容丰富、类型多样的电视节目。该频道开办之初只在晚上播出几个小时的电视节目，每周播出 3 天，每年 7 月停播。此后，播出时间逐渐增加到每周 6 天，周四停播，直到 1987 年才开始一周播出 7 天。但在 1983 年前，冰岛广播公司仍然每年只播出 11 个月的电视节目，每年 6 月停播。

1986 年，随着私营商业电视台在冰岛出现，冰岛广播公司的垄断地位被打破。此后，冰岛广播公司的电视节目播出时间增加到每天 12 小时，并从 1992 年开始开办图文电视。

与北欧其他国家不同，冰岛的公共广播公司在收取视听费的同时，可以播出广告并接受赞助。2009 年 1 月，冰岛对视听费的收取方式进行改革，原来按户缴纳的视听费改为所有纳税人按照固定费率缴纳，收入低于一定水平的人和 16 岁以下的儿童及 70 岁以上的老年人除外。私营广播电视公司的收入可以来自订户费、广告费和赞助费。

（四）挪威

和许多欧洲国家一样，挪威的广播电视业也经历了从国家公共广播机构垄断到公共广播机构、商业广播机构并存的双轨制发展阶段。挪威广播业发端于 20 世纪 20 年代，在 20 世纪 80 年代之前，挪威广播公司垄断了挪威的广播业。

1923 年，Tryvann 和 Kongensgate 在奥斯陆进行了一系列广播试验。1925 年，挪威出现了第一家广播公司 Kringkastningselskapet A/S（挪威语的意思是广播）。同年，挪威政府开始向购买收音机的听众征收视听费。1933 年，挪威颁布了第一个《广播法》，并据此将挪威第一家广播公司改组为按照英国广播公司模式建立和运营的全国性公共广播机构，将其更名为挪威广播公司。该公司以广播收听费为财政来源，享有独立播出口头信息、音乐、图片等的权利。

1933 年，挪威广播公司在特罗姆瑟（Tromsø）、博德（Bodø）、特隆赫姆（Trondheim）、奥勒松（Ålesund）、卑尔根（Bergen）、斯塔万格（Stavanger）、克里斯蒂安桑（Kristiansand）等地建立了地区办事处。这些地区原有的私营电台被政府要求停播后，被整合并入挪威广播公司的各地区办事处。

1940 年以前，挪威广播公司除以视听费为收入来源外，还可以播出广告。第二次世界大战开始前，挪威广播公司的人口覆盖率已经超过 50%。第二次世界大战期间，挪威广播公司英国分部与英国广播公司合办的节目极大地鼓舞了挪威人民的斗争士气。第二次世界大战结束前，广播在挪威家庭中获得了新的地位，收音机的数量也恢复到战前水平。

20 世纪五六十年代，挪威广播公司的垄断地位获得国内各界的广泛认可。因此，在 1981 年前，挪威境内只有挪威广播公司一家广播公司的一个广播频率 P1。

1979 年，保守党在议会选举中获得胜利后推行了一系列改革举措，广播改革是其中之一。广播业改革的第一步就是效仿英国、法国等西欧国家对广播业进行私有制改造。1981 年，保守党政府开始允许开办地方广播电台，以加强地方民主和言论自由。新的广播执照仅颁发给地方申请者，主要为非营利机构，不允许其播出广告。1982年，挪威出现了第一家地方广播电台，挪威广播公司的垄断被打破。其后，挪威广播公司逐渐感受到了竞争的压力，于1984年开办了第二个全国性的频道NRK P2。在多种力量的角逐之下，挪威广播公司的P2被定位为一个偏重地方性内容的全国性频率。

1987年，挪威修改了《广播法》，地方广播电视开始长期合法化。该法律规定：地方电台不得覆盖一个以上的社区。① 法律同时规定建立地方广播委员会，对那些未能完成申请执照时承诺的责任和义务的地方电台，地方广播委员会可以收回其已经获得的执照。该委员会秘书处由文化部单独任命。针对地方电台的管理和经营，政府颁布了《地方广播法》进行规范。到1988年，挪威共向私人公司和地方非营利组织颁发了486个广播执照，并从当年开始允许地方电台播出广告。② 法律同时规定播出广告的电台需要缴纳广告税。政府将这些税收用于补贴那些经济基础差的地方频率，以支持电台的地方化。政府允许地方电台播出广告，为音乐和地方电台奠定了较好的经济基础。

受到商业广播的压力，挪威广播公司试图开办第三个全国频率。1993年，国会终于批准了挪威广播公司开办第三个广播频率的申请，挪威广播公司的青年频率Petre（即P3）开播。但在同年9月，挪威第一个全国性商业广播电台P4也获准开播。P3从地方广播电台手中抢走了相当数量的青年听众，P4则吸引了年轻人和中年听众。P3和P4出现后，挪威地方电台的市场相应受到挤压。1992年以后，地方电台失去了将近一半的听众，地方电台的听众数量从1992年的25%降至1994年的12%，进而降至10%左右。

全国性商业电台P4的执照2003年到期后，政府管理部门将P4原来使用的频率分配给了2004年1月新开办的全国性频率Kanal 24（现已更名为Radio Norge），该公司的主要股东是挪威最大的几家地方

---

① 由于地形等原因，挪威分为450个社区，最小的社区不足1000人。
② Eva Harrie, compiled, *Media Trends* 2006. *Radio, TV and Internet*, Göteborg: Nordicom, 2006.

报纸,① 他们申请执照时声称其主要节目为地区新闻和文化事务。P4获得一个新的频率,覆盖范围与原来 P4 的覆盖范围相比大为减小。

2008 年,挪威境内有 5 个全国性广播频率,16 个地区性广播频率和 240 个地方广播频率(见表 3-1)。其中,挪威广播公司有 3 个全国性频率,全国性商业电台 P4 和 Kanal 24②各有 1 个。地方广播则是商业广播连锁和少数民族广播、宗教团体广播等非营利广播的混合体。值得一提的是,尽管挪威广播公司不再是挪威广播市场上唯一的广播公司,但其与大多数欧洲国家的公共广播机构相比,市场占有率和听众收听率都较高。挪威广播公司的广播从业人员对他们所获得的市场份额和听众数量非常满意,从反垄断和保持媒介多元化的角度考虑,他们不希望公司的市场份额进一步增长。③

表 3-1 挪威广播频率的数量

单位:个

范围	1989 年	1990 年	1991 年	1992 年	1993 年	1994 年	1995 年	1996 年	1997 年	1998 年
全国	2	2	2	2	4	4	4	4	4	4
地区	18	18	18	18	18	18	18	18	18	18
地方	458	442	422	424	416	386	369	308	312	297
范围	1999 年	2000 年	2001 年	2002 年	2003 年	2004 年	2005 年	2006 年	2007 年	2008 年
全国	4	4	4	4	4	5	5	5	5	5
地区	18	18	18	16	16	16	16	16	16	16
地方	286	274	259	274	267	259	249	249	242	240

数据来源:挪威广播公司、挪威媒介管理局以及 Norkring 公司。

就广播收听而言,挪威人是积极的广播收听者。其原因之一在于广播频率的增加,除 5 个全国性广播频率外,还有为数众多的地方广播频率以及网络广播分割市场;原因之二则在于广播本身的媒体特性,听众可以在使用其他媒介的同时收听广播。因此,随着网络广播、播客、手机广播等

---

① 挪威的全国性商业电视台 TV2 后来购买了 Kanal 24 部分的股权,目前成为其最主要的所有者(持 52% 的股份)。
② 2008 年 4 月 1 日更名为 Radio Norge。
③ 笔者对挪威广播公司多名广播高管的访谈。

新广播技术的出现，收听传统声音广播的人数和时间有所减少，从最高峰2004年的152分钟下降至2008年的132分钟，2014年进而降至90分钟。但挪威广播公司的市场表现总体还是很抢眼。2008年挪威广播公司的收听率为63%（其中P1为50%），P4收听率20%，RadioNorge的收听率为7%，地方频率收听率为9%。

在电视方面，挪威起步相对较晚，是欧洲倒数第三个开办电视的国家。挪威之所以没有较早地开办电视业务，主要是地理的原因：一方面，挪威地处欧洲北部，1/3的国土在北极圈内，高原、山地、冰川约占国土面积的70%，全国一半以上的地区都是海拔高于500米的山地；另一方面，挪威人口稀少，在北部地区居住的人口尤其少，这使在挪威境内铺设电缆传输电视节目的成本变得非常高。因此，挪威虽然在1954年就开始了定期的电视试验播出，但直到1960年才正式开播第一个电视频道——挪威广播公司的NRK 1，该频道在20世纪80年代之前是挪威唯一的电视频道。挪威于1975年开播彩色电视。

20世纪70年代开始，北欧委员会开始探讨运用卫星频道传输各国电视节目以增进地区间交流合作的可能，并且成立了Nordsat对合作发射并使用卫星的可行性进行调查和讨论。关于开办泛北欧卫星电视的议题从1972年开始讨论，持续了将近10年也没有达成共识。1981年，丹麦退出Nordsat，该计划更加失去了实现的可能。这一阶段，挪威电信公司（Telenor）开始在挪威境内使用有线电视系统向电视观众转播挪威和瑞典的电视节目。此外，挪威境内还出现了一些私人卫星电视传输公司。

1981年，挪威的保守党政府开始允许一些社区共用天线公司制作地方电视节目以利于有线电视传输（一些地方有线系统已经在运行，多数为扩大可接收瑞典电视的区域），获得地方有线电视执照的电视台数量在1984年迅速增加。由于地方电视台不允许播出广告，它们很快就面临严重的经济问题，多数电视台被迫关闭。观众的收视率调查则显示，在地方电视台播出的节目中，本地节目受到欢迎，尤其是在那些电视覆盖区域较小的地区更为明显。

1988年，挪威境内出现了两个针对挪威观众的卫星频道：一个是挪威人开办的TV Norge（TVN），另一个则是瑞典的金尼维克公司在伦敦开办的卫星电视频道 TV3，TV3 播出一部分专门针对挪威人的挪威语节目。这两个针对挪威观众的频道都是商业频道，允许播出广告，节目中的娱乐性内容也比 NRK 的电视频道多，因而吸引了大量观众。

挪威电视业最重要的变化产生于 20 世纪 90 年代早期。1992 年，挪威出现了第二个全国性电视频道，也是第一个全国性商业电视频道电视二台（TV2）。该电视频道是以广告为主要收入来源，但需要承担一定的公共责任以获得地面电视执照。挪威国会坚持将电视二台的总部设在挪威第二大城市卑尔根。1995 年，挪威著名报业集团斯蒂伯斯蒂开办了一个卫星电视频道 TV＋，该频道后来被电视二台收购，并于 1996 年停播。90 年代，新的卫星频道 TV6、TV3＋、TV＋、Film Net、Supersports 等开始进入挪威电视市场，但基本上都没有获得成功。

进入 21 世纪，挪威电视业者开始尝试以开办付费电视频道的方法增加挪威境内电视频道的数量。电视二台开办了新的电视频道 TV2 Zebra，挪威广播公司则和 Viasat 合办了 Sport N，卫星电视频道 TV Norge 的所有者斯堪的纳维亚广播公司开办了音乐频道 Voice TV。

总体而言，挪威的电视市场属于挪威广播公司和电视二台的双寡头垄断。电视二台是挪威最受欢迎的电视频道。挪威广播公司的两个电视频道的受欢迎程度仅次于电视二台。

目前，挪威境内有两家全国性地面电视台和 24 家地方性地面电视台，通过有线电视网络，挪威人还可以收看到数量不等的卫星电视频道，既有专门针对挪威人的频道，也有国际巨头的欧洲频道等。2009 年完成数字电视转换后，由于可供收视的频道大为增加，挪威人的电视收视时间达到顶峰，但随后又有所下降。2014 年，挪威人每天用于收看电视的时间为 2 小时 54 分钟。近年来，由于网络用户上网时间不断增加，电视观众看电视的时间略呈减少趋势。

2009 年之前，作为获得地面电视执照的附加条件，挪威文化部要求电视二台承担一定的公共义务，即保持文化多样性、每天播出新闻节目等。2009 年以后，挪威完成了数字电视转换，电视二台还是或多或少地参照 TV Norge 或 TV3 的方式运作，除广告费以外向受众征收一定的节目费。

（五）瑞典

当广播在20世纪20年代初出现时，瑞典决定按照英国广播公司的方式开办自己的广播。1925年1月1日，一家由政府授权的特许全国性广播频率 AB Radiotjänst（英文意思为广播机构）开播，该公司归广播业和报业公司所有，不播出广告，以视听费为收入来源。该公司的转发器由国有的 Telegrafverket 提供，并通过瑞典通讯社（Tidningarnas Telegrambyrå，简称 TT）垄断新闻来源。其后，该公司垄断了瑞典的广播业。1939年，该公司开办了对外广播。1950年，该公司成为欧广联第23个成员。1955年，瑞典广播公司开办了第二个广播频率 P2。1957年，该公司更名为瑞典广播电台（Sveriges Radio AB），并提供电视节目。

1961年，瑞典附近波罗的海上的商船开办了针对瑞典的非法电台，并很快吸引了不少听众。1962年，在瑞典国会的要求下，瑞典广播电台开办了一个轻音乐频率 P3，加上原来的谈话和资讯网以及一个严肃音乐和教育频率，国家广播电台的广播频率增至3个。尽管瑞典广播电台已有3个广播频率，但地方性或地区性的资讯内容仍然播出得较少。

1976年，瑞典政府的更迭为广播业带来了一些变化。1977年，瑞典广播公司成立了瑞典地方广播公司（Sveriges Lokalradio AB），每天清晨、中午和下午晚些时间在 P3 播出节目。

1978年，瑞典政府开始允许地方志愿者开办非营利性社区广播。1979年3月，社区广播开始在瑞典出现。最初3年，社区广播只在瑞典的16个地区试验播出。这些社区广播也叫邻居电台，播出地方制作的节目，但不得播出广告。社区广播①的数量在1988年之前增长较快。很快，许多国内地方团体都开办了自己的地方电台，在这些地方广播或社区广播中，有的有与全国性公共广播音乐频率竞争的野心，有些则只是希望能表达在全国性频率无法表达的意见。从一开始，教会就迅速抓住机会开办了自己的电台。随后，青年和学生团体、教育和文化群体以及地方政党也开

---

① 在瑞典，获得社区广播执照需要具备以下条件：与广播地区有关联的非营利组织；瑞典的教会和教会团体；高等院校的强制性社团；地区广播协会。社区广播执照所有者不可以覆盖一个以上的城镇。如果超过一个城镇，须经瑞典广播电视局作为特例讨论。这样的案例包括一个城镇的广播组织过少，无法保证每周播出一定量的节目。

始活跃起来。到1992年，即商业地方电台在瑞典出现的前一年，这种地方非营利电台的数量已达到160家，获得执照的组织超过2000个。瑞典广播公司的广播垄断开始被打破。瑞典的地方商业广播开始于1993年，目前大约八成的瑞典人可以收听到商业广播的节目。

目前，瑞典有两家全国性的公共广播机构向全体国民提供广播服务，其中服务于瑞典广播电台（Sveriges Radio，简称SR）的有4个全国性频率和26个地方频率，瑞典教育广播电视台（Sveriges Utbildningsradio AB，简称UR）利用瑞典广播电台的频率播出节目。这两家电台都独立于政府、政治干预和社会压力而运作。除这两家全国性公共广播机构外，还有许多地方公共广播机构。

目前，瑞典每天有超过600万名9～79岁的人（略多于瑞典人口的80%）收听广播。其中50%以上的人收听瑞典电台，34%的人收听地方商业广播。2.6%的人收听社区广播。

瑞典的电视事业始于1956年。1954年，瑞典开始进行电视试验播出。当年10月29日，瑞典皇家理工学院在斯德哥尔摩进行了第一次电视试验播出。1956年9月4日，瑞典第一个电视频道SVT1开播，并从当年10月1日开始收取电视视听费。当年，瑞典广播机构更名为瑞典广播公司，该公司的所有权结构更改为政府和报业各占40%，公司自己拥有20%（1967年该公司的股权结构变为政府占60%，报业和广播公司各占20%）。

20世纪60年代早期，广播业界与广告利益团体要求瑞典政府效仿英国，由英国广播公司和独立电视公司（ITV）对电视业实行双寡头垄断的模式，在瑞典境内开办以广告为收入来源的第二个电视台或电视频道。他们认为两个电视频道既可以加强竞争又可以惠及观众。当时瑞典当权的工党政府接受了引进竞争机制的想法，却并未接受播出广告的理念。1969年，瑞典开办了第二个电视频道SVT 2。

1966年，彩色电视第一次试播。1970年，彩色电视开始定期播出。1978年瑞典开办了图文电视。20世纪70年代末期，政府对瑞典广播公司进行了重组。1979年7月1日，瑞典广播公司成为四个公司的母公司：瑞典全国性广播公司（Sveriges Riksradio，简称RR）、瑞典地方广播（Sveriges

Lokalradio，简称 LRAB）、瑞典教育广播电视（Sveriges Utbildningsradio，简称 UR）和瑞典电视台（Sveriges Television，简称 SVT），其中瑞典电视台提供除教育节目以外所有的电视节目。因为苏格兰电视台已经在欧广联率先使用了 ST 的简称，所以瑞典电视台只能用 SVT 作为公司简称。瑞典电视台的两个电视频道在 1987 年进行了改版，TV1 更名为 Kanal1，播出所有在斯德哥尔摩制作的节目，TV2 则播出 10 个地方分部制作的节目和新闻节目《报道》(Rapport)。

1988 年，瑞典在芬兰南部开播了一个针对讲瑞典语的芬兰人的频道 TV4，该频道从 1997 年开始改称瑞典电视台欧洲频道，通过卫星向所有的欧洲人播出。1992 年，国会决定再次重组瑞典广播公司，把瑞典全国性广播公司和瑞典地方广播合并，变为三个独立的公司。从 1994 年开始，这三个独立的公司分别由三个独立的基金会所有，这三个基金会后来变成了一个。

2005 年，国家通过基金会控制的瑞典电视台的 SVT1 和 SVT2 仍然是瑞典影响最大的电视频道。欧洲体育频道、TV6、TV4 Plus、发现频道和 MTV 的收视率不断提升。有 48 个影响较小的所谓细分频道，尤其是针对儿童的频道，近年来影响也不断扩大。2005 年底，瑞典议会通过决议，全国将逐步通过地面网络实现数字电视播放，模拟电视播放最迟到 2008 年 2 月终止，由此引发卫星、有线、网络供应商之间更为激烈的竞争。

第二节　根基强大的公共广播机构

北欧国家的公共广播机构享有国家赋予的垄断地位。北欧五国的广播电台都是按照英国广播公司模式构建的公共机构，相继诞生于 1925～1933 年；20 世纪五六十年代，丹麦广播公司、芬兰广播公司和瑞典广播公司相继开办了第二个和第三个广播频率；冰岛广播公司和挪威广播公司则在 20 世纪 80 年代之后才推出第二个广播频率。

在 20 世纪 80 年代整个欧洲范围内解除管制的浪潮下，北欧国家也在 20 世纪 80 年代打破了公共广播公司在声音广播领域的垄断地位，私营商业广播开始进入广播市场。随后，为迎接境外电视的挑战，北欧国家的公共电视机构开始开办新的频道，并放开了对私营电视的管制。近20年来，虽然北欧国家公共广播频率和公共电视频道的地位有所下降，但与欧洲其他国家的公共广播电视相比，其地位仍然较为稳固且重要。这些公共广播公司的广播频率仍然在各国占有主导地位，电视频道也是各国受众最多的频道。

随着网络时代的来临，北欧国家的公共广播公司积极拥抱互联网并加快数字化转型，目前各国的公共广播公司都在传统的全国性、地区性广播外提供数字化的声音服务。这些公共广播机构有的有多个互联网站点（如瑞典广播电台、瑞典电视台和瑞典教育广播电视台分别有各自的网站），也有的统一在一个站点旗下（如挪威广播公司），但都在各国最受欢迎的网站之列，而且是信任度最高的媒介，将其现实空间的影响力成功复制到了网络空间。公共广播公司在互联网时代的强势拓展引发了私营广播电视业主的诸多抱怨，他们认为公共广播公司进一步挤压了他们的生存空间。

公共广播公司在网络时代仍然能够获得强势地位的原因之一在于多年来与受众形成的强大联系，正如挪威广播公司某广播负责人所说的那样，即便年轻人离开了公共广播频率，等他们中年以后，他们还会回到自己从小熟悉的频率。原因之二就在于尽管他们也面临一些经济问题，但公共广播公司广播频率获得的视听费收入远高于私营广播公司的广告收入，使他们有更为充足的经费制作高品质的广播节目。

（一）丹麦

丹麦有两个公共广播机构，一家是既有广播业务又有电视业务的丹麦广播公司，另一家则是只有电视业务的电视二台。

1. 丹麦广播公司

丹麦广播公司是丹麦的公共广播电视机构，1926年按照英国广播公司的模式成立，1951年开办电视，20世纪80年代以前垄断了丹麦的广播电视业。90年代以来，丹麦广播公司的市场地位不断受到商业广播和商业电视的冲击，但其仍然在丹麦广播电视业占有重要地位，每周分别有87%和78%的丹麦人收听、收看丹麦广播电视公司的广播节目、电视节目。

丹麦广播公司之所以能够受到受众的欢迎，最主要的原因在于丹麦广播公司在新闻报道、资讯、娱乐和艺术等领域负有的特殊责任为其带来了强势地位：丹麦广播公司的电视台54%的首播节目和广播电台57%的首播节目是新闻报道性节目；丹麦广播公司除了必须向主流观众播送新闻、纪录片、体育和娱乐节目等外，还必须播出针对特殊兴趣群体或其他群体（如教育节目和针对听力困难人群的手语节目）的节目；丹麦广播公司承担的主要社会职责之一是确保在广播、电视、网络上播出客观公正、没有偏见的新闻。

（1）发展历程。1926年，丹麦政府按照英国广播公司的模式将从私人广播业者手中收归国有的广播电台改组为丹麦广播电台（Statsradiofonien，丹麦语的"广播"）。第二次世界大战期间，丹麦被德军占领，广播电台的节目也受到德军的审查。第二次世界大战结束后，丹麦广播公司在1951年开播了第二个广播频率P2，并于1959年将公司名称更改为丹麦广播公司。丹麦广播公司开办之初，新闻节目由一个专门的机构Pressens Radioavis播出，1965年前均由报纸负责编辑。由于1958~1962年出现的非法商业电台水银频率播出了更多的音乐、娱乐节目而受到年轻人的欢迎，丹麦广播公司于1964年开办了主要面向年轻听众的第三个广播频率P3。

除开办新的频率外，丹麦广播公司也对其节目构成进行了改革。1963~1975年，丹麦广播公司的P1从早6点到晚12点播出，P2从早7点到午夜播出，P3从中午12点到凌晨2点播出。其后，随着电视的出现，广播的黄金时段开始由晚上移至白天，公司不但重新调整了节目结构，还开办了地区性广播节目。从1975年开始，丹麦广播公司的广播节目的结构固定为：P1从早6点到深夜播出，提供综合性的节目；P2从早6点到午夜播出，提供地区性节目和教育节目；P3则从下午5点到深夜2点播出，节目包括音乐、新闻和公告。[①] 20世纪80年代，丹麦广播公司再度对节目进行改革，原来的带状结构方式改为框架式结构。丹麦广播公司于2001年获得了第四个全国性频率的执照。自20世纪90年代以来，

---

① Ib Poulsen, *Public Service Radio in Denmark Today*, Göteborg: Nordicom, 1997.

虽然丹麦广播公司的市场份额和每日到达率在下降，但一直保持在相对较高的水平。由于减少收听的听众多是年轻人，丹麦广播公司采取了更为积极的战略来提高市场份额和年轻听众的到达率，主要是通过 P3 吸引 13～30 岁的听众，通过 P4 吸引 25 岁以上的听众。此外，该公司采取的策略还包括听众可以通过所有的平台收听节目——调频、数字音频广播和网络。2009 年 1 月，丹麦广播公司可以提供包括 4 个全国性调频广播在内的 15 个数字音频频率，提供 24 个频率的网络广播（其中 10 个是纯网络广播频率，只能在网上收听），这些频率还可以在数字电视平台接入。

在电视方面，丹麦广播公司于 1951 年开始进行电视试验播出。起初，每天播出 1 小时、每周播出 3 天。1953 年开始播出新闻节目。1965 年，丹麦广播公司正式播出电视节目。随后，丹麦广播公司垄断了丹麦的电视业。直到 1988 年 10 月 1 日，部分由广告支持的全国性地面电视台，即电视二台（TV2）开播，才打破了丹麦广播公司的电视垄断。为应对电视二台的出现及其他商业电视的竞争，1996 年，丹麦广播公司开办了第二个电视频道 DR2。

目前，丹麦广播公司旗下有 4 个广播频率、2 个电视频道和若干数字广播频率和网络广播频率。此外，丹麦广播公司网站也是最受丹麦人欢迎的互联网站之一，该公司同时还是数字广播电视的积极倡导者和实践者。

（2）广播业务。近年来，尽管丹麦广播公司的市场到达率在不断下滑，但其在丹麦广播市场中仍占据主导地位。该公司有 4 个全国性广播频率。

＊P1：谈话频率

主要是新闻资讯、时事报道和谈话节目。

＊P2：音乐频率

播出传统音乐、爵士乐和文化节目的频率。

＊P3：青年频率

面向 20～40 岁的听众播出新闻、音乐流行和娱乐节目，是在青年听众中最受欢迎的频率，2007 年的市场份额为 21%。

＊P4：11 个地区电台的混合频率

该频道播出全国性和地区性新闻、音乐及娱乐节目（该频率 1992 年作为 P2 的一部分开办，2001 年独立），是丹麦收听率最高的广播频率，2007 年的市场份额为 37%。该频率的目标受众为 40~60 岁的听众。

此外，丹麦广播公司还有一个中波频率 P5。

丹麦广播公司还是丹麦数字广播和网络广播的倡导者和推动者。该公司从 1996 年开始在公司网站 www.dr.dk 上播出包括每天的新闻节目 *Radioavisen* 和时事杂志节目 *Orientering* 等在内的广播节目。目前听众可以从网上收听 30 个网络广播频率和所有丹麦广播公司的广播节目。2002 年，丹麦广播公司开始播出数字音频广播（DAB）节目，公司旗下有 15 个数字广播频率，包括新闻频率、儿童频率及音乐频率等。

（3）电视业务。调查显示，丹麦广播公司的电视频道在丹麦受欢迎的程度仅次于电视二台。该公司的市场调查显示：2007 年该公司的电视市场份额为 31%，比电视二台低 10 个百分点。丹麦广播公司的电视到达率为 78%。[1]

目前丹麦广播公司有 2 个电视频道。

* DR1：综合频道

DR1 是丹麦第一个电视频道，播出的节目包括新闻和时事报道，也播出电视剧、娱乐节目和文化节目等。其节目方针在于吸引丹麦各种年龄、各种层次的观众。该频道自 2002 年以来已经 7 次获得艾美奖提名并 4 次获奖。尽管自丹麦广播公司的垄断地位被打破后，DR1 的观众份额在不断缩小，但仍是丹麦排名第二的电视频道。2007 年，DR1 的市场份额为 28%。

* DR2：文化频道

该频道开播于 1996 年，当时只在卫星和有线电视系统中播出，节目覆盖率在 10% 以下，因而获得了"秘密频道"的绰号。该频道改由地面电视系统播出后，节目覆盖率和收视率获得提高。该频道属于丹麦的文化电台，类似于英国广播公司的四频道，主要播出喜剧、高品质的纪录片、新闻深度报道以及历史、文化和科学节目。目前该频道的市场

---

[1] 北欧各国的视听率数据来源于各国统计局、盖洛普公司和各公共广播机构，由于采用的调查方式和范围（如对象的年龄起点不同）不同，数据也有所差异。

份额为 5%，但其高品质的节目使其成为丹麦最强大的媒介品牌之一。

此外，丹麦广播公司还有通过广播和网络电视播出的 DR update。在丹麦 2009 年 11 月 1 日完成数字电视转换后，该公司计划开播三个新的电视频道，分别为：

DR K：文化、历史和音乐频道

DR Ramasjang：儿童频道

DR HD：高清电视频道

（4）管理机构。丹麦广播公司由一个 11 人组成的董事会领导，这 11 人中，3 名成员（包括主席）由文化部长选定，6 名成员由国会选定，2 名由丹麦广播公司雇员选定。董事会全权负责丹麦广播公司的经营管理，以保证完成广播法的要求。董事会任期为 4 年。

董事会指导丹麦广播公司的活动并任命执行委员会成员。丹麦广播公司的日常运营由执行委员会负责，包括一名总经理、一名媒介主管（电视广播和新媒体）、一名制作/节目主管和一名财务主管。执行委员会下属 4 名主管：法律和公共事务主管、交流主管、技术和服务主管以及人力资源主管。

（5）收入来源。作为公共广播机构，丹麦广播公司的收入来源主要为视听费/执照费。丹麦的电视/广播执照费由国会根据四年一个阶段进行规定。丹麦广播公司的年报显示：2007 年丹麦 87% 的执照费被分配给丹麦电视公司，电视二台获得了 13% 的执照费。丹麦的执照费分媒介执照费（包括电视、广播和新媒体）和广播执照费两种。根据丹麦国会 2006 年的规定，丹麦家庭每户在 2007~2010 年需要缴纳的执照费分别为 2150 克朗、2190 克朗、2220 克朗和 2260 克朗，平均每天 5.98 克朗，可以收看丹麦广播公司和电视二台及地方电视台的节目，收听丹麦广播公司和地方电台的广播。

尽管丹麦的政治家和公众都认可丹麦广播公司所发挥的积极的社会作用，但对于丹麦广播公司赖以生存的执照费却有不少争议，尤其是随着丹麦广播公司越来越多地涉足其他新兴媒体平台，公众是否要为在手机和网络上收听到的丹麦广播公司的内容一揽子付费？对执照费的收取是仍然像现在这样一次决定四年的额度还是每年确定来年的执照费？抑或将来丹麦广播公司的执照费直接来源于政府税收而不是电视家庭户直接缴纳？对于丹麦广播公司来说，现行的征收方法可以使公司对未来几年的经济收入和支出有一个综合考量，他们更支持这种征收方式。

尽管多年来丹麦一直对是否继续采用视听费作为公共广播机构收入来源的方式进行探讨，但在 2014 年前，丹麦仍然在以家庭为单位征收视听费。2014 年丹麦视听费的额度为每户 327 欧元，在北欧五国中仅次于挪威。

2. 丹麦电视二台

丹麦另一个公共电视台——电视二台实际上是一个半公共、半商业的电视台，1988 年 10 月 1 日在丹麦第二大城市欧登塞（Odense）开播，并于 1990 年加入欧洲广播电视联盟。2000 年，丹麦电视二台开办了第二个电视频道。该台在丹麦有 8 个地区频道，其中一个是丹麦第一家地区电视台 TV Syd。该台拥有 6 个细分频道，分别是针对年轻观众的 TV2 Zulu（2004 年）、主要针对老年观众的 TV2 Charlie、丹麦第一个 24 小时新闻频道 TV2 News（2006 年）、24 小时电影频道 TV2 Film（2005 年）、24 小时体育频道 TV2 Sport 和纯网络电视台 TV2 Sputnik。2006 年 8 月 23 日，TV2 通过拍卖获得了天空广播（Sky Radio）的 FM 广播执照。

2004 年 7 月以前，电视二台以广告费和视听费为经济来源（其中 80% 来自广告，20% 来自视听费），且需要承担一定的公共责任，制作一定数量的新闻时事节目、纪录片，节目负有一定文化传承的义务。但由于丹麦已经加入欧盟，其媒介管理需要执行欧盟的相关标准，而欧盟认为电视二台的双重资金来源属于非法的国家援助，需要改变。因此，目前除部分地区仍采用双重经济来源外，广告费已成为电视二台的唯一经济来源。需要指出的是，虽然电视二台可以播出广告，但不允许其在节目中间插播广告。也许正是因为电视二台这种半公共、半商业的性质，使它与丹麦广播公司相比更加商业化、通俗化。

目前在丹麦，电视二台是收视率最高的频道，2008 年的收视份额为 39.3%。除新闻、体育和时事节目外，电视二台其他的节目都由独立制作人制作。需要强调的是，虽然二者的收视率有高低，但实际上二者的竞争并不激烈，因为丹麦广播公司的电视频道和电视二台的观众群体并不相同，电视二台的主流受众是传统的重度电视观众，即那些年纪较大、文化程度较低的人；而丹麦广播公司的观众则主要是使用电视相对较少、受教育程度较高的人。

（二）芬兰

芬兰广播公司在 1926 年 5 月 29 日创办于芬兰首都赫尔辛基。该公司根据《芬兰广播公司法》(the Act on Yleisradio Oy) 的要求建立和运营，以芬兰语、瑞典语和萨米语三种语言播出节目。

根据 2006 年 1 月 1 日颁布的《芬兰广播公司法》规定，芬兰广播公司需要在平等的前提下向全体公民提供综合性的电视和广播节目及相关的附加和额外服务。这些与公共服务相关的内容服务需要通过所有的电信网络提供。该公司制作的广播电视节目应当做到：

• 支持民主及每个人参与，通过大量的信息、观点及辩论节目增加互动的机会；

• 制作、创作和发展芬兰文化、艺术及激发娱乐；

• 考虑节目的教育性及品质，向受众提供学习的机会，关注儿童节目，提供宗教节目；

• 在广播中平等对待芬兰语和瑞典语受众，同时制作萨米语、吉卜赛语和手语节目；

• 支持多元文化并为少数民族和特殊团体提供节目；

• 推进文化互动并向海外播出节目；

• 播出政府公告等。

1. 发展历程

芬兰广播公司与一般的早期试验电台不同，该公司自创办之初就不播出广告，而以执照费为收入来源。该公司于 1928 年开始覆盖芬兰全境。到 20 世纪 30 年代，芬兰已经有 10 万户家庭可以收听到芬兰广播公司的节目。

1934 年，芬兰政府开始成为芬兰广播公司最大的股东，随后芬兰广播公司被按照英国广播公司的模式改造为具有垄断性质的公共广播机构。芬兰广播公司从 1957 年开始试验播出电视，并于 1958 年开办了定期的电视节目 *Suomen Televisio*（芬兰语的电视），但直到 1964 年购买了 TES-TV

和 Tamvisio 后，电视才开始在芬兰快速普及。芬兰广播公司从 1969 年开始播出彩色电视节目。

芬兰广播公司在 1985 年前一直是芬兰广播市场的垄断者。随着地方商业电台和全国商业电台的兴起和发展，芬兰广播公司先失去了广播的垄断地位，接着又失去了广播的全国性垄断地位，目前已经从市场垄断者变为市场领导者。为迎接商业广播带来的挑战，芬兰广播公司曾于 1990 年和 2003 年两度改变广播频率安排。

1990 年 6 月，芬兰广播公司将其第三个全国性芬兰语调频频道定位为针对年轻群体的频率 Radio Mafia，传统的公共服务节目和传统音乐节目在 Ylen Ykkönen 播出，地区节目、新闻和文化时事节目、体育等都放在有 20 个地方台的全国性网络 Radio Suomi 中播出，该频道后来成为芬兰最成功的广播频率。

2003 年，芬兰广播公司再度改变节目安排，将面向年轻人尤其是青年妇女的 Radio Aino 用流行文化频率 YLEQ 取代；原先的青年和流行文化频率 Radio mafia 被新的青年频率 YLEX 取代；大部分现存的流行文化，尤其是音乐节目转移至 YLE Radio Suomi 和新的 YLEQ；YLE Radio Suomi 保留其名称，但它的音乐专题转向更年轻的受众，同时减少日间节目网的节目，并将全国性报道放入地区节目中；YLE Radio1（即原来的 Ylen Ykkönen）除文化和传统音乐节目外，增加了更多的全国性深度时事节目。芬兰广播公司的这一系列改革引发了巨大争议，但并未获得 1990 年改革那样的成功。2003 年后，因财政紧张和运营策略变化等原因，该公司的广播节目编排进一步发生变化。

在电视领域，芬兰广播公司从一开始就没有获得垄断地位。1958～1993 年，芬兰第一个全国性商业电视台 MTV 一直在芬兰广播公司的两个电视频道 TV1 和 TV2 以窗口形式播出自己的节目和广告。

由于芬兰是一个双语国家，有 5% 的人口使用瑞典语，因此芬兰广播公司有一个专门的部门 Svenska YLE 负责制作瑞典语的广播电视节目。

尽管芬兰商业电视的产生和发展伴随着电视业的出现和发展，芬兰的公共广播电视机构芬兰广播公司的市场地位仍然十分强大。芬兰已经于 2007 年完成了数字电视转换，数字广播借助数字电视频道进行播出。目前，芬兰广播公司拥有4个全国性电视频道和13个广播频率以及25个地方广播电台。据调查，芬兰广播公司的电视频道每天可以覆盖芬兰2/3的人口。

芬兰广播公司在国际广播方面最知名的是拉丁语新闻节目 *Nuntii Latini*，该节目向全世界播出，并可以在互联网上收听。芬兰广播公司是欧广联23个创始成员之一。

2. 广播业务

芬兰广播公司拥有以下广播频率（前三个为全国性频率，后两个以瑞典语播出）。

＊YLE Radio 1

主要播出文化、艺术、谈话节目、时事报道等传统节目。其音乐节目包括古典音乐、宗教音乐、爵士乐和民间音乐及芬兰广播交响乐团的音乐会等。2008年该频率播出的节目包括：古典音乐（56%）、文化节目（11%）、广播剧（2%）、纪实节目（2%）、科教节目（4%）、真实报道（7%）、时事报道（5%）、新闻（7%）、宗教节目（3%）、大众文化节目（2%）、儿童节目（1%），节目的多样性比较突出。

＊YLEX

主要播出通俗文化节目、流行音乐及特殊音乐节目等，该频率的节目还包括喜剧、时事要闻和新闻等。该频率是芬兰广播公司最受欢迎的广播频率。2008年该频率播出的节目包括：大众文化节目（34%）、音乐娱乐（32%）、文化节目（1%）、真实报道（2%）、新闻（4%）、其他娱乐节目（23%）等。

＊YLE Radio Suomi

主要播出针对所有芬兰人的资讯节目、地区事务、新闻、时事、服务以及体育和娱乐节目等。该频率2008年播出的节目包括：地区节目（22%）、时事报道（6%）、新闻（10%）、音乐娱乐节目（17%）、大众文化节目（12%）、体育节目（9%）、文化节目（1%）、真实报道（4%）、其他娱乐节目（19%）。

＊YLE X3M

面向沿海地区年轻听众的瑞典语多媒体频道，播出音乐、事实和娱乐节目。该频率曾经名为YLE Radio Extrem。该频率制作的音乐节目所占的比例较高，2008年播出的节目中，音乐节目占61％。该频率拥有活跃的X3M社团。

* YLE Radio Vega

该频率主要播出全国性和地区性瑞典语新闻和时事节目，同时播出文化节目、纪实节目、沟通节目和儿童节目，以及符合成人口味的音乐节目。该频道节目的综合性强，2008年播出的节目包括：宗教节目（2％）、真实报道（13％）、时事（19％）、新闻（15％）、娱乐节目（8％）、体育节目（2％）、大众文化节目（26％）、儿童节目（1％）、科教节目（1％）、传统音乐节目（7％）、文化节目（6％）。

除这些频率外，芬兰广播公司旗下还有可以通过网络收听的芬兰广播（Radio Finland），该频率以芬兰语、瑞典语、英语、俄语和拉丁语播出。

面向拉普兰听众的萨米广播（Sámi Radio）是由芬兰广播公司和瑞典广播电台及挪威广播公司合办的。

此外，芬兰广播公司有25个地区编辑部制作地区广播节目（20个芬兰语频率和5个瑞典语频率），这些节目利用芬兰广播公司的Radio Suomi和RadioVega的频率播出。芬兰广播公司的萨米语频率（Sámi Radio）在芬兰北部播出，广播节目独立完成，电视节目与瑞典和挪威的广播公司合作。2008年秋，所有的地区广播频率都通过网络直播。

3. 电视业务

芬兰广播公司的电视业务正式开办于1958年。同年，商业电视台MTV开始在芬兰广播公司的两个电视频道中以窗口形式播出自己采制的节目并经营广告。1993年MTV获得了自己独立的频道MTV3后，从芬兰广播公司的频道中撤出。

目前，芬兰广播公司有4个地面电视频道和1个面向海外侨民的卫星电视频道。其中YLE TV1和YLE TV2是免费的全国性电视频道。

* YLE TV1

该频道是芬兰广播公司主要的新闻频道，有相当比例的时事和纪实节目，该频道既使观众了解新闻并参与公众讨论，也播出戏剧节目。其娱乐节目的焦点在政治讽刺，增强成年观众的经验和洞察力。

* YLE TV2

主要播出儿童节目、家庭节目、体育比赛节目、休闲节目、国产剧、音乐娱乐节目、时事节目以及从芬兰人和地区角度拍摄的纪实节目。

* YLE FST

主要面向瑞典语观众的频道，是来自芬兰和其他北欧国家的内容独特的瑞典语频道。该频道为观众提供各种类型的节目。除新闻和儿童节目外，其他所有的节目都采用打字幕的方式播出。该频道改在数字频道播出后更名为 YLE FST5。

* YLE Teema

文化频道，播出电影、历史纪录片、科教节目、主题性节目、通俗文化纪录片以及电视经典重现等。

* TV Finland

面向居住在欧洲的芬兰侨民的卫星频道，播出 YLE 和 MTV3 的精选节目。

2007 年，YLE 所有电视频道的收视份额为 43.7%（其中 YLE TV1 占 23.2%、YLE TV2 占 17.6%、YLE Teema 占 1.6%、FST 5 占 1.3%）。

与 MTV3 等商业电视不同，芬兰广播公司的电视节目来源从地域和内容上都更加多样化。芬兰广播公司比商业电视公司播出更多的新闻节目、时事节目、资讯节目、纪实节目和儿童节目，以及在商业电视频道上几乎看不到的教育和文化节目。商业频道播出的多为外国电视剧、电影故事片和娱乐节目。2007 年，该公司播出的节目中有 21% 的国内节目是向独立节目制作商购买的。

芬兰广播公司的地区性电视新闻节目覆盖所有的芬兰地区，通过芬兰广播公司的 YLE TV2 频道在每天晚上和次日清晨播出。

芬兰的数字电视转换开始于 2001 年，芬兰广播公司从一开始就对自己在这一过程中的责任有明确认识，陆续推出了一系列综合频道和适位频道，推动芬兰进入"我频道"（Me-channel）时代。

4. 收入来源

按照原来的相关规定，芬兰广播公司的广播电视节目均禁止播出广告或接受赞助，公司的收入来源为视听费。视听费的额度由国会规定，每户电视家庭每年为 208.15~215.4 欧元。其他收入包括 MTV3 和 Nelonen 支付给芬兰广播公司的网络传输费和少量节目赞助费及其他收入。2013 年，芬兰政府对视听费的缴纳方式进行了改革，将按户征收的视听费改为累进税。根据个人收入的差异，每人每年需要缴纳 50~140 欧元不等的税费作为视听费，对收入在一定额度以下的个人免收税费。

（三）冰岛

冰岛唯一的公共广播电视机构——冰岛广播公司（Ríkisútvarpið，简称 RÚV），成立于 1930 年 12 月 21 日。按照冰岛相关法律法规的要求，冰岛广播公司的宗旨是弘扬民族文化、促进冰岛语言的正确运用。其职责是向全体公众提供新闻和新闻评论；提供文学、艺术、科学和宗教等丰富多彩的节目；提供基础教育和职业教育节目；并为各年龄层的公民提供娱乐节目。它必须遵守民主原则和公平原则，尊重公民自由表达的权利，对社会问题的讨论应公正反映各方面的意见和观点，对各政党、公共事务政策和社会团体及个人均应严守中立立场。冰岛广播公司与政府保持相对的独立性。

1. 发展历程

冰岛广播公司开办于 1930 年 12 月 21 日，1966 年 9 月 30 日开始提供电视服务。1983 年，冰岛广播公司开通了第二个广播频率 Rás 2。

2. 广播服务

经过多年发展，冰岛广播公司已经形成了覆盖全国的广播网。公司旗下有 2 个全国性广播频率和 3 个地区性频率。全国性频率每天播出 18~24 小时节目，地区性频率仅在每周三播出几个小时。冰岛广播公司的节目通过调频方式（FM）播出，在调频广播接收不便的地方还可以通过长波收听或者通过互联网收听。此外，冰岛广播公司还从 2004 年开始开办了一个数字音频广播频率 Rondó，不间断播出古典音乐和爵士乐。

冰岛广播公司的两个全国性广播频率分别为 Rás 1 和 Rás 2。

* Rás 1

综合频率，播出新闻评论、古典音乐节目、儿童节目、广播剧、文化和宗教节目等。该频率每天早晨专门播 20 分钟左右的政治广播节目，主要综述全国各政党所办报纸的社论，有的时候也报道议会开会的情况。

* Rás 2

主要播放流行音乐和新闻、时事节目。

以上两个广播频率各自在白天播出18个小时的节目，夜间1：00到清晨6：00在两个频率联播。

尽管自1986年以来引入了私营商业广播，出现了听众的分化，但冰岛广播公司的市场占有率基本稳定，自1999年以来一直维持在55%上下。其中 Rás 2 是冰岛收听率最高的频率，Rás 1 的收听率低于商业频率Bylgjan。

3. 电视服务

目前，冰岛广播公司的电视网络可以覆盖全国99.9%的家庭。播出的内容除常规节目外，还有针对聋哑人的节目及专门报道议会开会情况和选举的节目。

由于冰岛国家较小，节目制作能力较弱，冰岛电视台播出的新闻节目除自采外，还播出国家广播电台以及通过卫星接收的世界著名新闻通讯社的新闻。其播出的节目中来自美国、英国及其他欧洲国家的电视节目约占节目总量的50%。与商业电视台相比，冰岛国家电视台播出的节目无论内容、节目类型还是节目来源都更加注重多样化和公平性。

4. 收入来源

与其他国家的公共广播公司不同，冰岛广播公司的收入构成中除了冰岛居民按户缴纳的视听费外，① 还可以播出广告、接受赞助，视听费仍为其主要经济来源。2004年，视听费收入占冰岛广播公司总收入的73%。由于私营广播电视公司的实力不断增强，冰岛广播公司的广告收入已经从1999年顶峰时占总收入的28%降至目前的20%左右，其他收入中赞助费占4%，其他占3%。

（四）挪威

挪威广播公司是挪威唯一的公共广播机构。根据挪威《广播法》和《挪威广播公司法》的规定，挪威广播公司必须承担一定的社会责任和义

---

① 冰岛是北欧五国中唯一仍然对广播收取视听费的国家。冰岛的视听费征收对象包括彩色电视、黑白电视和收音机，2006年的黑白电视机视听费为每年29220冰岛克朗，单一的收音机视听费为9744冰岛克朗（含增值税）。

务，其发展目标是：

- 提供各类节目；
- 确保表达自由和基本的民主价值；
- 保证质量；
- 保证公共讨论没有偏见；
- 具有分析方法；
- 确保编辑独立和不偏不倚；
- 加强挪威语言、文化和个性；
- 维持高的道德标准；
- 提供面向主流人群的节目；
- 提供少数人的意见并主要制作挪威语广播节目。

1. 发展历程

1925 年，挪威出现了第一家广播公司 Kringkastningselskapet A/S（挪威语的意思是广播）。1933 年，挪威政府按照英国广播公司的模式将其改组成立了挪威广播公司。此后，挪威广播公司对挪威广播业的垄断持续了将近半个世纪。

在第二次世界大战期间，挪威一度被纳粹德国占领，挪威国王流亡国外。挪威广播公司与英国广播公司合作，由其在伦敦的分支机构每天制作节目《伦敦广播》(London Radio)，极大地鼓舞了挪威人民的士气。

战争结束后，挪威广播公司重新按照该公司在 20 世纪 30 年代制定的节目标准和运行方式恢复了节目的播出。1948 年，国会决定任命了一位对节目和管理进行监督的总监，Kåre Fostervoll 成为挪威广播公司第一任总监。20 世纪 80 年代中期以前，挪威全国只拥有一个覆盖全国的广播频率——NRK P1。[①]

挪威电视业起步较晚。1960 年，挪威广播公司才开办了电视频道 NRK 1。由于在一个多山且人口稀少的国家提高电视覆盖率的花费非常高，当时挪威广播公司的财政状况又不是很好，因此人们多次讨论挪威广

---

① Henriette Fossum, "The Norwegian Radio Reform, Radio Research in Denmark, Finland, Norway and Sweden", *Special Issue of Nordicom Review*, No. 18 (1997) 1.

播公司开办电视业务后能否将广告作为视听费以外的补充经济来源。在挪威广播公司管理层内部，也有人认为应当在电视中播出广告以缓解经济压力。但挪威广播理事会认为，要保持公共广播电视的客观公正，避免受到利益团体的影响，挪威广播公司的收入应当也必须以视听费为唯一的经济来源，从而否决了在电视中播出广告的动议。其后20年，挪威广播公司垄断了挪威电视市场，向挪威公众提供典型的公共服务节目。

1981年，挪威境内出现了地方广播电台和电视台，挪威广播公司对广播电视市场的垄断被打破。部分出于迎接商业电台的挑战的考虑，挪威广播公司于1980年开始第二个广播频率（P2）的试播，并于1984年正式开办了广播频率NRK P2，流行音乐和娱乐节目成为节目的重要组成部分。按照国会的规定，P2的总部设在挪威第三大城市特隆海姆。

对挪威广播公司来说，真正的挑战出现在20世纪90年代初期。1992年，第一个全国性商业电视频率电视二台开播，1993年第一个全国性商业广播频率P4开播，挪威广播公司的市场地位受到严重挑战，迫使其迅速开办新的频率以做出应对。挪威广播公司于1993年开办了主要面向年轻听众的第三个广播频率NRK P3（又称Petre），1995年开办了第二个电视频道NRK 2。NRK P3和商业广播频率P4瓜分了地方广播的大量听众。

1996年，挪威广播公司进行重组，成为一个政府所有的独立公司。此后多年，挪威广播公司一直在筹划开播第三个电视频道，但直到2007年9月3日才开播了青年频道NRK 3，同年12月1日，挪威广播公司开办了第四个电视频道——儿童频道NRK Super。这两个频道共享一个频道资源，NRK Super的播出时间为07：00~19：00，NRK 3的播出时间则为19：00~07：00。

除传统的广播电视业务外，挪威广播公司还涉足网络、图文电视和移动广播电视等新媒体领域。

2. 广播服务

目前，挪威广播公司拥有3个全国性广播频率和7个数字广播频率。12个地区办公室在NRK P1以单独窗口形式播出16个地区性节目。

3个全国性频率的定位各不相同。

* NRK P1

该频率是挪威第一个广播频率,也是挪威最受欢迎的广播频率,2007年的市场占有率为60%。[①] 该频率在2007年播出8760小时的节目,包括980小时的重播节目。音乐节目、娱乐节目、地区广播节目和新闻是P1播出最多的四种节目类型,其中,地区性内容占16%,包括大量的地方新闻、天气预报、交通报告、地方文化、时事讨论、体育节目,此外还有针对儿童等特殊群体的节目和生活方式类节目。

* NRK P2

该频率是一个以艺术、文化和新闻性节目为主要内容的文化频率,播出的节目内容包括新闻、讨论、分析和社会评论等,2007年的市场占有率为4.1%。该频率在晚间与数字频率古典音乐(Alltid Klassisk)并机播出,其中,33%的节目为音乐节目。

* NRK P3

该频率主要面向15~30岁的青年听众,每天6:00~18:00播出针对青年人的节目,晚间和夜间播出更多的摇滚和重金属音乐,深夜则播出一些面向音乐爱好者的对象性节目。该频率主要播出面向青年人的音乐节目、喜剧、娱乐节目和新闻节目。

除以上三个频率外,挪威广播公司还从1946年开始制作专门针对北方少数民族的萨米语节目。萨米语广播是挪威广播公司一个单独的部门,其制作的萨米语广播在全国播出。

与欧洲大多数国家的公共广播机构相比,挪威广播公司的广播市场占有率和听众占有率都相对较高。据挪威广播公司相关负责人表示,由于在挪威广播公司的广播频率中,儿童节目、文化节目等节目所占的比例远高于商业节目,因此,随着年龄的增长,挪威听众选择收听NRK的比例在不断上升。目前,世界上许多国家的广播电台都在为年轻听众的流失而担忧,认为广播发展没有将来,但挪威广播公司的调查数据显示,当这些流失的听众步入中年之后,他们会像自己幼年时一样,选择收听公共广播频率的节目。

---

① 参见 NRK 2007 年度年报。

挪威广播公司从1993年开始进行数字广播的试验播出，其后开播了NRK纯古典音乐（Alltid Klassik）、NRK纯新闻（Alltid Nyheter）、NRK纯民间音乐（Alltid Folkmusikk）和面向十几岁青少年的MP3等数字广播频率，并在公司网站上建立了多个细分的网络广播频率。这些广播频率基本上都是对象明确的"适位广播"频率。

3. 电视服务

挪威广播公司有4个全国性电视频道。

* NRK 1

该频道为挪威最大的电视频道，播出各种类型的电视节目，其中电视剧、新闻资讯、体育节目所占份额最大，达66%，但没有一个类型的节目占到总节目时间的20%以上。该频道在挪威电视市场的占有率最高。

* NRK 2

2007年9月，NRK 2正式改版为一个纯粹提供背景资料、纪录片和新闻的频道，其新闻节目的比例从1%增加到14%，而音乐节目的比例则大为下降。这一改版相应减少了NRK 2的节目播出时间。

* NRK 3

这一2007年9月开办的频道面向所有年轻人，通过播出连续剧、喜剧、音乐和大量的电影为年轻观众提供娱乐，同时还播出纪录片和电影俱乐部的电影。许多热门美剧都在播出排行榜前列。该频道一半以上的观众在40岁以下（以往这个年龄层次的电视观众大都关注商业频道），开播后很快就占据1%的市场份额。

* NRK Super

该频道开播于2007年12月1日，与NRK 3共同使用一个频率资源。在开办NRK Super之前，NRK已经将其儿童节目的播出时间增长了将近6倍，从每年750小时增加到每年4380小时。所有的儿童节目都在NRK1和NRK Super同时播出。

该频道又分为面向2~7岁儿童的Superbarn和面向8~12岁儿童的Superstore。Superbarana每天早晨7：00~10：00播出；儿童电视（Barne-TV）每天下午18：00~18：40播出；Mánáid TV每周三的13：00~17：45播出；Superstore每天13：30~18：00和18：40~19：00播出，

周末播出时间为 10：30~17：15。该频率开播后迅速达到 7% 的收视率，相比而言，迪士尼频道用了 1 年时间才达到这一收视率，而瑞典电视台的儿童频道则用了几乎 3 年。

4. 收入来源

根据挪威《广播法》和《挪威广播公司法》，挪威广播公司的收入来源为视听费。从挪威广播公司建立到纳粹德国占领挪威，挪威广播公司的经济来源除了视听费外还有少量广告，但第二次世界大战结束后，政府不再允许挪威广播公司播出广告，其收入来源完全为视听费。目前挪威人早已不必为收音机缴纳视听费，因此电视视听费是挪威广播公司最主要的经济来源。挪威国会决定视听费的数额，由专门的机构负责征收。

按照相关法律，挪威广播公司的广播电视节目均不可播出广告，在某些节目如重大体育赛事报道中可以接受一定量的赞助，但对赞助的控制非常严格。与其他北欧国家不同，挪威政府对公共广播机构新媒体业务的广告管理比较宽松，因此挪威广播公司可以在其图文电视和网站出售广告。除此之外，挪威广播公司还可以通过出售其部分电视节目的音像制品获得一定的收入。挪威广播公司的全资商业公司 NRK Aktivum 即负责处理相关事务。该公司负责出售节目、进行节目产品延伸开发、出版图书、提供交互服务等，也出售体育和文化活动的赞助权和挪威广播公司图文电视及网站的广告权。但这两部分收入在挪威广播公司的收入构成中所占的比例非常小。2007 年，在挪威广播公司收入的 39.51 亿克朗中，视听费为 37.39 亿克朗，其他收入仅为 2.12 亿克朗[①]，仅占 5.37%。

尽管挪威国内也在就是否还应征收视听费进行讨论，但目前视听费仍然是挪威广播公司最主要的收入来源，2014 年，挪威是世界上征收视听费最高的国家。这些视听费被按比例分配给电视、广播和网站。

（五）瑞典

瑞典是北欧国家中唯一有 3 家公共广播公司的国家。除了瑞典广播电台和瑞典电视台外，还有瑞典教育广播电视台。

---

① 挪威广播公司 2007 年度年报。

1. 瑞典广播电台

瑞典广播电台的前身是创办于1925年的AB Radiotjänst（英文意思为广播机构），1957年更名为瑞典广播电台，以与瑞典电视台区别。如前所述，瑞典广播电台是瑞典政府按照英国广播公司模式构建的，1955年之前一直都只有一个全国广播频率P1。1939年瑞典开办了对外广播，1955年开办了第二个全国性频率P2。后来，为应对波罗的海上商船非法广播的挑战，在国会要求下，于1962年开办了第三个全国性广播频率P3。1977年，瑞典广播公司成立了瑞典地方广播公司（Sveriges Lokalradio AB），每天清晨、中午和下午在P3播出节目。1979年，瑞典广播电台改组为一个系列公司，包括瑞典国家电台、瑞典地方电台、瑞典电视台和瑞典广播电视台，母公司为瑞典广播公司（Swedish Broadcasting Corporation）。1987年，瑞典地方广播公司有了自己独立的频率P4。1993年，瑞典广播公司解散，开办了新的广播公司——瑞典广播电台（Sveriges Radio AB，简称SR），同年瑞典出现了私营/商业地方广播。

目前，瑞典广播电台有4个全国性频率和26个地方频率，其中第一套节目用长波、中波、短波和调频播出，后三套节目均只用调频播出。瑞典的对外广播以"瑞典国际广播电台"（Radio Sweden International）的名义，通过卫星、短波、中波和网络以多种语言播出。2007年，瑞典广播电台在3G网络上播出9个频率和7个数字广播频率。瑞典广播电台所有的调频广播、数字音频广播和3G频率都可以在网上收听。瑞典广播电台开办了"30天资料库"——听众可以在网上找到最近30天的所有调频广播节目。

瑞典广播电台的几个频率的定位及发展情况如下。

＊P1：谈话频率

P1是以深度新闻分析、时事评论为主的谈话频率。该频率同时也播出戏剧、纪实论坛以及其他覆盖艺术、科学、社会和哲学话题的节目，部分节目同时作为国际广播节目播出。P1在9~79岁的人中每日大约有10.6%的听众。

＊P2：传统音乐和少数民族语言广播

该频率以古典音乐和教育节目为主，也包括以少数民族语言播出的芬兰语、萨米语节目。该频率播出的音乐节目主要是古典音乐、当代音乐、爵士乐和民间音乐。在大斯德哥尔摩和马尔默地区，该频率全天24小时播出音乐节目，但在其他地区，每天播出5小时教育和少数民族语言节目。

* P3：针对年轻人的广播

P3面向35岁以下的听众，全天24小时播出流行音乐、新闻、文化和社会节目，娱乐是其主要节目元素。P3计划通过其节目吸引青年人关心当前的社会话题。该频率还负责播出尚未成名的新艺术家，主要是瑞典艺术家的作品，大约14.3%的每日听众年龄在9~35岁。

* P4：地方广播、新闻和体育广播频率

该频率由遍布瑞典的26个地方电台组成。这个频率负有推动地方文化和音乐的特别责任。平日早6点到晚7点播出。

该频率通过地方播出系统播出新闻资讯、国内国际新闻和时事报道。在晚间和周末，P4播出包括体育节目在内的全国性节目，但在周末也播出一些本地新闻。每天收听P4的听众中，50.3%的听众年龄为35~79岁。

* P5：斯德哥尔摩广播

在瑞典首都除P4外还有第二个地方SR电台P5（Radio Stockholm 103.3），该频率面向更为年轻的听众播出现代音乐节目，P5有自己的文化、时事和娱乐节目，但与P4有同样的新闻节目、交通和气象资讯，平日每天播出18个小时。

* P6：斯德哥尔摩国际台

P6通过斯德哥尔摩地区的FM89.6和数字广播播出，以17种语言播出，该频率不但播出《瑞典之声》（*Radio Sweden*），还播出少数民族语言部和瑞典广播公司制作的芬兰语和萨米语节目，以及挪威广播公司、英国广播公司、德国电台（Deutschlandfunk）和法国电台（Radio France）的节目。

* P7：Sisuradio – 芬兰语频道

P7是数字的芬兰语频道，于1998年1月1日开播，每天播出16个小时。在大量的听众拥有DAB接收机之前，该频率仍然会通过调频播出。

瑞典广播电台所有的全国性频率和数字频率都可以通过www.sr.se进

行网上收听。该网站提供国际新闻、国内新闻和地方新闻，音乐指南以及青年社区资讯等节目。瑞典广播公司国际广播的节目也可以在网上以多种语言收听。瑞典广播公司网站已多次被评为瑞典最佳网站。

瑞典广播电台计划继续播出数字音频广播，频率有：SR P7 Sisuradio、SR X、SR Klassiskt、SR Sverige、SR Minnen、SR P3 Star。所有这些电台和模拟电台都可以在网上收听。此外，瑞典广播电台还有一些只能在网上收听的网络广播频率：SR C、P3 Rockster、P3 Svea、P3 Street 和萨米语的 SR Sápmi。在 2006 年的莫扎特 100 周年诞辰纪念日，瑞典广播电台还专门制作了一个站点 SR Mozart，听众可以通过播客预订下载莫扎特的某些音乐作品。听众可以将这些节目免费下载到电脑、MP3 和移动设备上，这些音频节目也可以通过 mobil. sr. se 用手机收听。此外，瑞典广播电台还提供 RSS 服务。

瑞典广播公司有自己的交响乐队。创办于 1936 年的管弦乐队有 102 位音乐家。通过扩大巡回演出的范围，该管弦乐队已获得广泛尊重。瑞典广播公司从 1925 年开始就有一个演唱团，该演唱团开办了多场音乐会并在世界巡回演出。

2. 瑞典电视台

1955 年，瑞典公共广播服务机构瑞典广播公司开办了瑞典第一个电视频道 SVT1，该频道于 1956 年 9 月 4 日正式开播。瑞典的电视业虽然起步较晚，但发展很快。电视开播 5 年后已经拥有 150 万户电视家庭用户，相当于当时瑞典有 2/3 的家庭都成了电视观众，这一数字远远超过了政府开办电视时的预期。[①] 国会认为，为保证对受众负责以及平衡各方利益，可以由国家垄断公司瑞典广播机构向公众提供广播、电视服务，但瑞典广播公司的股东应体现社会各方的利益，除以往的报社和经济团体外，蓝领工会和白领工会、教堂、消费者群体等这样的大众组织也成了瑞典广播公司的新股东。1957 年，瑞典广播机构更名为瑞典广播公司。1958 年，瑞典广播公司开播了第一档新闻节目《时事》（*Aktuellt*）。

1969 年 12 月 5 日，瑞典开播了第二个电视频道 SVT 2，仍然由瑞典

[①] 瑞典开办广播 5 年后，广播渗透率仅为 30%。

广播公司拥有并负责运营。SVT1 和 SVT 2 有同一个执行总经理和董事会，但独立运营，两个频道有各自独立的新闻机构、制作部门、编辑人员，仅有少量的合作。

作为公共广播机构，瑞典电视台负有向全体公众传递多元化电视节目的责任，因此，与商业电视台相比，瑞典电视台播出的节目内容和类型都更加多元化，包括新闻时事节目、娱乐节目、体育节目、电视剧、音乐节目、儿童节目等。

1990 年，瑞典电视台的播出时间是下午 4 点到午夜前。20 世纪 90 年代，通过下午的重播、开办早间节目和午餐时间的新闻播出，电视播出时间大大增加。

这一时期，瑞典电视台也遇到了新生的商业电视的竞争。1987 年，瑞典境内出现了总部设在英国伦敦的卫星电视频道电视三台（TV3），但直到 1992 年瑞典第一个全国性商业电视台电视四台（TV4）开播，瑞典广播公司在电视业的垄断才真正被打破。电视四台很快覆盖全国，1995 年，电视四台的收视率超过电视二台，成为全国最受欢迎的电视频道。1996 年，电视台再次整合，原先存在于瑞典电视台两个电视频道间的竞争消失了，Kanal 1 和电视二台被重新命名为 SVT 1 和 SVT 2，并于 1997 年重新开播。

1999 年瑞典开始数字电视转播，瑞典电视台开办了 6 个频道，即新闻频道 SVT 24 和 5 个地区性频道。2000 年，SVT 24 和原有的新闻节目《时事》(Aktuellt)、《报道》都是由一个新闻编辑部编辑制作。

2001 年，瑞典电视台更换了台标并且制订了新的节目计划。SVT 1 成为收视率更高的综合主流电视频道，SVT 2 成为更加细分的频道。地区频道在 2002 年初关闭，由 SVT Extra 取代。2002 年 12 月，Barnkanalen 开始在白天时间播出儿童节目。2003 年 2 月 24 日，SVT 24 和 SVT Extra 由新闻和体育主题频道取代。

在这些节目中，新闻节目是瑞典电视台的重要组成部分，1972 年就开办了两档重要的新闻节目《报道》和《时事》。这两档节目在 20 世纪 90 年代中期开始合作，并在 2000 年与新开办的数字电视频道 SVT 24 在同一机构制作。其后，《报道》成为重要的新闻节目，《时事》则成为简明新闻节目。娱乐节目在星期五和星期六播出，这一节目类型和大众体育节目一起吸引了更多的观众。著名的节目包括从1959年就开始制作的欧广联出品的欧洲电视网歌唱大赛的预选赛节目 *Melodifestivalen*，该节目决赛时可以吸引大约400万名观众；从1997年开始连续播出8年的瑞典版的《幸存者》——《鲁滨孙历险记》；自1979年开始每年夏天组织的民歌比赛直播节目《在斯堪森歌唱》（*Allsång på Skansen*）等。瑞典电视台还组织了1985年度、1992年度和2000年度的欧洲电视网歌唱大赛。

瑞典电视台播出的电视节目中，有一部分是海外引进节目。2005年，全国性首播节目中33%的节目来自国外，瑞典电视台除了对儿童节目进行配音外，其他都采用打字幕播出的办法。瑞典电视台购买的节目中（包括非瑞典电视台制作的瑞典节目），27%的节目来自美国，22%的节目来自英国，13%的节目来自瑞典，13%的节目来自其他北欧国家，6%的节目来自法国，4%的节目来自德国，9%的节目来自欧洲其他国家。通过北欧电视机构，瑞典电视台与北欧其他公司合作，相互播出对方的节目。

目前瑞典电视台开办的电视频道有以下几个。

* SVT 1

播出节目内容丰富的主要频道。

* SVT 2

观众更为窄众化，播出更时尚的节目。

* SVT 24

新闻和资讯频道，2003年2月24日开播，该频道除新闻节目外，还在周末播出很多体育节目。该频道还播出许多议会重要议题的讨论，是瑞典的议会频道"C-Span"。

* SVTB（Barnkanalen）

2002年12月开播的儿童频道，只在日间播出，与知识频道共用一个频道资源。

* Kunskapskanalen

与瑞典教育广播电视台合办的知识频道，2004年9月开播，在晚间18点到23点播出。

以上几个频道也可以通过 Åland 的数字地面电视系统和芬兰有限电视网络播出。

* SVT HD

该频道提供与其他 SVT 频道同步播出的高清晰度电视服务。该频道通过卫星运营商新频道（Canal Digital）和 Viasat 及有线电视运营商 Com Hem 转播，但只能在斯德哥尔摩附近收到。

* SVT Europa

该频道面向瑞典以外的瑞典语观众，通过两颗卫星传送数字电视节目。该频道是 SVT 频道的混合体，通过卫星广播，并且可以在芬兰的瑞典语地区的地面频道播出。出于知识产权的原因，SVT Europa 不播出电影、体育节目或英语节目等其他购买的节目。

此外，瑞典电视台旗下还有网站 svt.se，观众可以在该网站上收看瑞典电视台各频道的节目并与电视台互动。

3. 瑞典教育广播电视台

瑞典教育广播电视台是瑞典政府为发展广播电视教育而建立的公共广播机构。该公司是一个独立的有限公司，由董事会负责运营，董事会主席由政府指定。该公司制作和播出各个领域的教育性内容，通过广播、电视、图文电视、网络、图书和其他出版物作为载体进行传播。其节目主要面向儿童和年轻人、残疾人以及少数民族，意在成为最受欢迎的教育性公司，并成为灵活学习领域的领导者。

瑞典教育广播电视台没有自己的广播电台和电视台，分别通过瑞典电台和电视台的频道播出节目。目前瑞典教育广播电视台在瑞典广播电台的 P1、P2、P3、P4 都有固定的播出时间，此外它还通过瑞典广播电台的数字音频网络播出节目。

以上三家广播电视机构作为公共广播机构，以视听费为经济来源，瑞典国会决定视听费的规模并分配收入。2008 年以前，一般是瑞典电台获得 37% 的执照费收入，瑞典电视台获得 58% 的执照费收入，瑞典教育广播电视台获得 5% 的执照费收入。

除视听费外，瑞典的公共广播机构还可以通过两种合法途径获得经济收入：一是技术收入。瑞典国家电视台拥有最先进的节目录制设备系统和最优秀的节目创意人、制作人,同时还拥有最完备的、最丰富的视频资料档案库。国家电视台可以通过为一些机构或企业、个人制作电视节目、广告宣传片,提供视频资料等形式来获得经济收入。二是基金收入。瑞典国家电视台经常通过举办一些大型的演艺及公益活动,收到一些机构、企业及各种社会组织的赞助费。这种赞助费不同于广告费,它所表达的意义是:提供赞助费的企业、机构或社会组织对电视台举办的这些活动的价值及社会作用的认可、支持和赞许,而不是借这些活动做商业广告,这些赞助费往往是以基金形式交付给电视台的,电视台接受这笔款项后,只需依法合理使用就行了。比如环保类基金只要用于环保类节目制播及相关费用支出就可以了,此外各种基金还可依法产生利息收入。瑞典电视台除了在一些重大体育赛事转播中接受赞助外,政府仍然禁止其播出广告。

第三节 市场狭小的商业广播电视

在五个北欧国家中,除芬兰外,其他四个国家都在20世纪80年代欧洲公共广播私营化的风潮中,尤其是1987年总部设在英国的电视三台面向瑞典、丹麦和挪威播出电视节目后,才开始逐步放宽对私营广播电视的限制。

北欧国家有两种类型的私营广播电视机构:一种是丹麦电视二台(1988年)、挪威电视二台(1992年)和瑞典电视四台(1992年)这样的混合频道(Hybrid Channel),虽然是商业频道,以广告为收入来源,但享有必须传送的特权的同时需要承担一定的公共义务;另一种是纯粹的商业频道。在瑞典和丹麦,混合频道所占的市场份额是最大的。

需要指出的是,这种混合频道是模拟电视的产物,在数字电视时代,北欧各国已经降低或者放弃了对这些频道需承载公共义务的要求,原本需要缴纳的频道特许费也已经取消,甚至对允许播出广告的时间也进行了变更。如挪威电视二台关于必须制作时事节目和纪录片以及节目需要反映文化多样性的要求已经被取消。

总体而言,由于这些国家国土面积小、人口少、广播电视市场相对狭小,私营广播电视的盈利空间相应较小,真正能够占据市场主导地位的还是那些在两个以上北欧国家拥有"泛北欧"频率和频道的公司,如现代集团、波尼尔公司、斯堪的纳维亚/发现(SBS Discovery)等,其市场集中化表现得十分明显。

在广播领域,斯堪的纳维亚/发现旗下的 SBS 广播在北欧四国(冰岛除外)拥有广播网,该公司是瑞典和丹麦最大的私营广播业者,也是芬兰和挪威、瑞典第二大私营广播业者,拥有瑞典的 Mix Megapol、丹麦的 Nova FM、挪威的 Radio Norge 和芬兰的 Iskelmä。现代集团拥有包括 P4 在内的挪威最大的私营广播网以及包括 Rix FM 在内的瑞典第二大广播网。

在电视领域,波尼尔公司拥有瑞典(TV4)和芬兰(MTV)最大的私营电视网,在两国一共有 18 个电视频道,播出体育、电影、电视剧等节目,覆盖整个北欧地区;现代集团是瑞典、挪威、丹麦的第二大电视运营商,通过总部在英国的卫讯(Viasat)公司运营免费和付费电视频道;斯堪的纳维亚/发现公司是 2013 年向德国 ProSiebenSat.1 公司购买了斯堪的纳维亚公司后组建的,斯堪的纳维亚公司成立于 20 世纪 90 年代,目前与现代集团一起拥有挪威第二大商业电视频道,此外,该公司拥有丹麦、瑞典和芬兰第三大电视频道,该频道主要播出娱乐节目。

(一)丹麦

1. 广播

20 世纪 80 年代,丹麦政府对广播电视业解除管制以后,丹麦境内开始出现播出地方内容或专门性内容的地方广播电台,这些电台最初的经济来源为捐赠。1988 年,丹麦政府开始允许地方电台播出广告,之后地方电台开始分化为商业电台和非商业电台,商业电台的经济来源为广告收入。

1997 年,全国性商业频率 Radio 2(简称 R 2)开播,但由于种种原因,到 2004 年,该频率的市场份额也只有 2%。2008 年该频率改名为 City Radio,是丹麦第一个摇滚乐电台。

2003 年,天空广播(Sky Radio)购买了丹麦第 5 个全国性 FM 频率的执照,但该频率在 2005 年 10 月就倒闭了。2006 年,电视二台(TV2)通过拍卖获得了天空广播的执照,并于 2007 年 2 月开始以 TV2 Radio 的名义对外播出。

2003年，覆盖西兰岛（Zealand）、菲英岛（Funen）和日德兰半岛（Jutland）的第6个全国性频率被Radio100 FM购买（该公司归荷兰的Talpa Radio所有），其播出的音乐节目和新闻节目近年来可以通过数字网络在全国范围内接收。

目前丹麦私营广播领域有两个主要角色：一个是SBS广播，另一个是Talpa国际广播。前者归德国公司ProSiebenSat.1所有，后者归荷兰Talpa媒介所有。

2. 电视

丹麦地方电视的历史可追溯至1983年，地方电视台刚刚出现时，政府不但不允许其播出广告，在其网络化方面也有所限制。丹麦政府1988年开始允许地方电视台播出广告，1997年开始允许地方台网络化经营。

丹麦的地方电视业从20世纪80年代中期起缓慢发展，相继建立了30个频道，但只有在丹麦首都哥本哈根地区才有较大规模的受众。丹麦广播公司的诸多竞争者（私人、电影产业、贸易联盟成员等）将地方电视作为未来电视市场的投资机会。因此，丹麦政府在90年代初取消了对地方电视台播出广告的禁令。尽管丹麦地方电视台的广告收入并不理想，但地方电视业仍然成了外国投资者的焦点。

由于电视二台是一个半公共、半商业的电视台，因此有人认为丹麦的商业电视市场由电视二台、斯堪的纳维亚广播公司和现代集团主导，也有人认为丹麦商业电视市场归斯堪的纳维亚广播公司旗下的TV Danmark和现代集团旗下的电视三台主导。电视三台和TV Danmark的总部都在英国伦敦。TV Danmark开播于1997年4月，最初拥有8个地方台，后来有3个，该频道主要播出娱乐节目和地方新闻。2000年，TV Danmark有2个频道，分别是Kanal 4和Kanal 5。2004年秋，斯堪的纳维亚广播公司开办了一个新的音乐电视台Voice，该台很快就成为MTV的竞争对手。为此，MTV被迫开通了一个专门化的丹麦信号系统。这样两个针对同一群体的电视台的竞争是激烈的，研究显示，Voice已成为丹麦年轻人最不可缺少的音乐电视台。

（二）芬兰

1. 广播

芬兰的商业广播出现于 20 世纪 80 年代中期。从 1985 年芬兰出现第一家地方商业电台到 1997 年 5 月出现第一家全国性商业电台 Radio Nova，共经历了 12 年的时间，这 12 年中，芬兰商业广播经历了繁荣发展和低潮阶段。1990 年是芬兰商业广播的发展高峰期，有 59 家电台共收入 3600 万欧元。20 世纪 90 年代中期以后，芬兰的私营商业电台提供了更多的专业节目，大部分是针对青年的节目和音乐节目。

2008 年，芬兰商业广播覆盖全国，除一个全国性商业频率外，还有 9 个准全国性商业频率和地方商业广播连锁企业。其中，芬兰基督教广播连锁企业 Radio Dei 在 20 个城市拥有电台，Sanoma 集团拥有 Radio Rock 和 Radio Aalto 两个广播连锁。此外，爱尔兰的 Communicorp 集团、法国 NRJ 公司、斯堪的纳维亚广播公司等都在芬兰拥有广播电台连锁。斯堪的纳维亚广播公司于 1993 年进入芬兰市场，目前拥有准全国性频率 Voice 和 Iskelma，该公司还在芬兰 4 个最大的城市拥有主要地方电台。法国公司 NRJ 也是 20 世纪 90 年代进入芬兰的外国公司，早在 1996 年就在赫尔辛基拥有了一座地方电台。爱尔兰的 Communicorp 集团在 2004 年通过收购 Metromedia 广播集团进入芬兰，目前拥有两个准全国性频率 Groove FM 和 Suomi POP，并在赫尔辛基拥有地方电台 Metro FM。

芬兰商业广播在大城市的竞争非常激烈，且发展并不平衡，除 MTV、SBS、NRJ、Communicorp 和 Sanoma 等几家拥有电台连锁的大公司获利良多外，2/3 的私营电台是亏损的。在 1994~2003 年，芬兰 26% 以上的私营电台关门或者与其他电台合并。芬兰商业广播广告收入占全部广告市场 4% 左右的份额，低于欧盟国家 5%~6% 的平均水平（2004 年欧盟 15 国的广播广告占全部广告收入的比例平均为 6%）。

Radio Nova 是芬兰第一个、也是唯一一个全国性商业广播频率，同时也是芬兰第二大广播频率，定位为现代成人（AC）类型。该公司原归 MTV 媒介所有，2005 年瑞典波尼尔公司收购了 MTV 公司，因此该公司目前为波尼尔旗下产业。在商业广播领域，Radio Nova 最主要的竞争对手是斯堪的纳维亚广播公司旗下的频率。

2. 电视

与其他北欧国家不同,芬兰的商业电视与公共电视同时诞生,且从一开始就实行双轨制管理。芬兰第一个商业电视公司 Mainos-TV 开办于1957年,1958年开始在芬兰广播公司的电视频道 YLE TV 中以窗口形式播出节目,直到1993年获得自己的独立频道。

* MTV3

MTV3 Media Oy 是芬兰第一个全国性商业电视频道,开播于1957年8月13日,其前身是 Mainos-TV。该频道自20世纪50年代起,在芬兰广播公司的两个电视频道中以窗口形式播出节目。1986年,该公司与芬兰广播公司和诺基亚公司(NOKIA)成立了合资公司 Kolmoskanava(MTV3)。1993年,该频道从芬兰广播公司和诺基亚公司手中获得了 Kolmoskanava 的全部股份,并拥有了自己的运营执照,将原来在芬兰广播公司的两个电视频道播出的节目更换为在 MTV3 的转发器上播出,并将公司名称确定为 MTV3,于当年加入欧洲广播电视联盟。

2005年,阿尔玛传媒将 MTV3 及其系列频道出售给瑞典的波尼尔集团。从那时起,芬兰四大电视频道之一的所有权开始属于境外拥有者。2007年,MTV3 是芬兰最受欢迎的单个电视频道,占芬兰收视时间的25.6%。MTV3 有2个免费的开路电视频道(MTV3 和 Subtv)、7个付费电视频道(MAX、Fakta、Ava、Sarja、Scifi、Sub Juniori、Sub Leffa)。该公司是欧洲第三大商业电视公司。

* Nelonen

1997年6月开播的 Nelonen 是芬兰第二个全国性的商业电视台,最初是开办于1989年的地方电视频道 PTV,最初名为 PTV4,后改为现名。该电视台是芬兰报业集团旗下的公司,有5个开路电视频道(芬兰四频道、JIM 和体育频道等)和2个付费电视频道(Kino TV 和 Urheilu Kanava)。2007年,Nelonen 占有芬兰27%的电视市场份额和10.2%的收视份额。Nelonen 是芬兰语中字母4的象形文字。在该频道播出的节目中,一半为美国节目,从欧洲其他国家进口的节目占20%,这些节目都以芬兰语字幕的形式播出,其主要的市场对象是25~44岁的观众。

公共电视机构和商业电视机构在节目的构成和来源地方面有着明显不

同。2001 年，芬兰广播公司播出的电视节目中，9% 的节目来自美国，13% 的节目来自英国，6% 的节目来自其他北欧国家，10% 的节目来自英国和北欧以外的欧洲国家，5% 的节目来自世界其他地区。而 MTV3 则有 29% 的节目来自美国，第四频道播出的节目中美国节目所占比例更高达 50%。

在芬兰，MTV3 是最受欢迎的电视频道，紧随其后的是芬兰广播公司的 YLE TV1、YLE TV2、Nelonen。

（三）冰岛

1986 年，冰岛颁布了广播电视法，政府开始允许私人公司开办商业电台。冰岛的私营广播电视受广播电视执照委员会的统一管理。广播电视执照委员会负责给私营电台发放临时执照，最长 5 年。该委员会负责监督私营电台的运作，允许私营电台从订户、广告和赞助中获得收入。

20 世纪 90 年代以来，冰岛商业广播频率数量不断增长，2001 年达到顶峰，近年有所下降（见表 3 - 2）。目前冰岛广播公司最主要的竞争对手是媒介 365 旗下的 Bylgian 和 FM 957 等 6 个广播频率。

表 3 - 2　冰岛广播频率的数量

单位：个

类别	年份	1994	1995	1996	1997	1998	1999	2000	2001	2002	2003	2004	2005
公共	全国*	2	2	2	2	2	2	2	2	2	2	2	2
	区域	3	3	3	3	3	3	3	3	3	4	4	4
私营**	全国	1	1	1	1	1	2	2	2	2	2	2	2
	区域	9	10	10	14	17	16	17	19	18	15	13	13

* 冰岛的全国性电台指的是频道到达国家的所有区域或至少 90% 的人口，准全国性电台的频率到达 2 个或 3 个以上区域及 50% 以上的人口。

** 冰岛私营的区域/准全国/地方电台指拥有长期执照和定期播出的电台，不包括学生和青年人的业余电台。

冰岛第一家商业电视台诞生于 1986 年，此后 20 多年冰岛先后开办了 17 个私营电视频道，目前仍在播出的有 10 个。冰岛目前有 4 个全国性私营频道，除电视二台（Stöð 2）外，还有付费电视频道 Sýn 和免费电视频道 Sirkus 和 Skjár1。

媒介 365 公司旗下有 6 个电视频道，其中 3 个为全国性频道，分别为电视二台、付费电视频道 Sýn（现为体育频道 Stöð 2 sport）和 Sirkus（现更名为 Stöð 2 Extra）。其中，电视二台是冰岛第一个也是现存时间最长的私营商业频道，主要播出美国制作的节目和一定数量的冰岛原创节目及新闻，内容涵盖音乐、体育、电影、连续剧、系列片及新闻等，该频道和法国的新频道（Canal+）属于欧洲最早获得成功的地面付费频道。电视观众可以免费收看其新闻节目，但需要购买解码器来观看其他加密节目；Sýn 主要播出体育节目，是冰岛唯一拥有英超转播权的频道；Sirkus 主要播出美国电视连续剧。

冰岛第四个全国性商业电视频道由 Skjár einn 公司开办，旗下唯一的频道 Skjár1 是创办于 1999 年的一个开路电视频道，主要播出美国电视娱乐节目和冰岛原创节目，包括娱乐节目、罪案剧、生活方式节目、真实电视、喜剧和音乐电视等，其收入完全来自广告，拥有冰岛人约 20% 的电视市场份额。

除以上 4 个频道外，冰岛 60%~70% 的家庭可以从付费电影频道 Stöð-bio、英式足球频道 Enski boltinn、免费新闻和纪录片频道 NFS 和宗教频道 Omega 这 4 个全国性主题频道中选择节目。此外，冰岛还有 2 个地方电视频道，即在北部阿库雷里的免费频道 N4（原来的 Aksjón）和在南部西人岛的付费频道 Fjölsyn。

（四）挪威

1. 广播

受西欧国家对广播电视解除管制的影响，挪威的保守党政府也开始在挪威放松对广播电视的管制，1981 年，挪威政府开始允许开办地方广播电台。1982 年，挪威出现了第一家地方电台。与原有的挪威广播公司的分支机构不同，这家新的电台不是国有的公共服务机构，而是商业电台。

地方商业电台诞生之初，挪威政府不允许它们播出广告。直到 4 年后，挪威政府才开始允许商业电台播出广告。挪威的地方广播电台除商业电台外，还有一些不以营利为目的的非商业广播电台，非商业广播电台的数量是商业电台的 2 倍。它们主要通过宾果游戏和商业企业自愿向电台提供奖品等途径获得额外收入以维持运营。由于地方电台所在的社区规模大小和经济状况不同，地方商业电台的发展情况差别较大。从保护地区文化和信息传播自由的角度出发，挪威政府通过向那些广告收入较好的电台征收广告税，之后调剂给经济效益较差的电台，帮助其维持生存。20 世纪 80 年代末到 90 年代初，挪威地方广播频率的数量较多，但在 1993 年挪威广播公司的 P3 和全国性商业频率 P4 开播后，地方商业广播受到了来自两个方面的挑战：一方面，P3 和 P4 争夺着它们的听众；另一方面，P4 争夺着它们的广告。于是，地方电台的听众在流失、数量在减少。

* P4

P4（Radio Hele Norge AS）是挪威领先的全国性私营广播频率，占有全国 24% 的市场份额，每天大约有 100 万名听众，每周听众为 200 万名。P4 拥有一个全国性的公共服务执照，需要播出新闻和资讯节目。该频率通过 FM、DAB 和网络播出。2006 年 11 月 1 日，P4 开办了一个数字音频广播和网络电台——纯摇滚乐电台 Bandit。该台的总部在利拉哈默，此外在特罗姆瑟、卑尔根、克里斯蒂安桑和奥斯陆都有地区分部和演播室。

* 挪威广播（Radio Norge）

Radio Norge（以前的 Kanal 4 和 Kanal 24），是一家总部在挪威东南部港口城市腓特烈斯塔（Fredrikstad）的电台，是德国 ProSiebenSat.1 公司的分支机构。该公司于 2003 年获得执照时名为 FM4，后更名为 Kanal 24，并获得了 P4 以前的频率。该频率起步很艰难，因为 P4 宣称他们的名字过于相似，而且 P4 在 2004 年 1 月 1 日 Kanal 24 正式开播前关闭了他们旧的转播器。2008 年，该公司发起了一项称为"挪威决定"（Norge Bestemmer）的活动，由听众决定他们在重新构架的频率中收听什么内容并更改名称，因此该频率更名为挪威广播。目前该频率定位为音乐频率，播出近 40 年优秀的打击乐和当前流行的 Pop Hit。

为赢得生存，地方电台改变策略，开始从吸引年轻人转而谋求服务地方，并很快成为挪威广播公司的竞争对手。挪威境内的地方商业电台连锁企业 Radio 1 是其中的佼佼者。

Radio 1 是斯堪的纳维亚广播公司旗下电台，该台宣称自己在首都奥斯陆拥有比挪威广播公司更多的听众。2005 年，Raido 1 的市场份额与全国性广播频率 Kanal 24 一样，都达到了 5%。斯堪的纳维亚广播公司在挪威还拥有电视频道挪威电视（TV Norge）和声音电视（Voice TV），另外在一些欧洲国家也拥有一系列电台和电视台。

挪威境内的商业广播连锁企业还包括法国 NRJ 旗下的 Energy 广播，目前已经被英国梅柯姆公司收购的奥克拉传媒也拥有一些地方电台。

随着全国性商业频率 P4 的出现，广播广告的专业程度也开始提高。2005 年，挪威商业广播的广告收入约为 5.13 亿挪威克朗（约合 4600 万欧元），约占挪威全部媒介广告收入的 4%。

2. 电视

1986 年，挪威第一个地方电视频道 TV Budstikka 开播。其后，尽管挪威境内出现了一些小规模的地方频道，但由于挪威境内地形复杂不易扩大节目覆盖范围、人口稀少不易获得收益等原因，地方商业电视台很难赢利。

* 电视二台（TV2）

1992 年 9 月 5 日，挪威第一个全国性商业电视台电视二台开播，按照国会的要求，电视二台的总部设在挪威第二大城市卑尔根，也可以在首都奥斯陆建立办公室。该公司的新闻节目分别在两个城市制作。双重机构尤其是在首都以外办公意味着额外的开销，虽然电视二台是一个商业电视公司，以广告为收入来源，但作为获得地面播出权的条件，该公司需要承担一定的公共责任，包括向民众提供多元化的节目、促进本国电视节目公司的发展、播出反映地方和本国的生活等节目。电视二台除了建立必需的新闻及时事部门来制作新闻和时事节目外，其他节目主要采用从外部交换或购买的方式获得。该频道播出的外国节目中除儿童节目外，均采取打字幕的形式。随着数字电视时代的到来，该频道已经不必承担公共服务节目义务。

电视二台是挪威最大的商业电视台，也是欧洲广播电视联盟成员。2012 年，电视二台被出售给丹麦的艾格蒙特公司。至此，挪威的商业电视已全部掌握在外国经营者手中。

* 挪威电视

除电视二台之外，挪威还有一家具有全国性影响的商业电视台挪威电视（TV Norge，简称 TVN）。该电视台开播于 1988 年 12 月 3 日，是挪威第一个以广告为收入来源的电视台。起初，该电视台的节目通过卫星传输，经由有线电视网络播出，后来该台与一些地方电视业者组成电视联盟，那些地方台除播出本地节目外还播出 TVN 的节目。

1997 年，电视二台买下该频道 49% 的股份，同年 9 月，两公司达成协议，由电视二台承担挪威电视的节目制作。该协议引发了挪威国内的争议，广告业者和电视节目制作公司都认为这将使电视二台获得电视市场的垄断地位。目前电视二台和挪威电视之间的协议已经解除。

（五）瑞典

1978 年，瑞典政府开始允许一些志愿者开办非营利性的社区电台，瑞典广播电台垄断瑞典广播业的格局开始逐渐被打破。瑞典的地方商业广播开始于 1993 年，目前有 89 个执照，大约 75% 的瑞典人可以接收到地方商业广播。地方商业广播需要获得瑞典广播和电视局的执照。根据相关规定，地方商业广播执照需要通过拍卖获得。如果有多个竞争者，瑞典广播和电视局必须根据以下三条颁发执照：节目内容、技术和财政状况、所有权。统一的特许经费标准是每年 4.4 万瑞典克朗。城市的特许经营费用高于乡村。总体来看，2008 年，所有的广播营业执照所有者向瑞典广播电视局支付了 1.306 亿瑞典克朗。目前，瑞典境内形成了几个商业广播电台连锁企业（见表 3-3）。

表 3-3 瑞典的商业电台连锁

电台	数量（家）	占瑞典人口的比例（%）	合作者
RIX FM	36	17.3	MTG Radio AB/SRU
Lugna Favoriter	12	4.9	MTG Radio, etc
NRJ	3	3.0	RBS Broadcasting AB
Mix Megapol	26	10.0	SBS Radio AB, etc

除国家公共广播公司和私营广播外，瑞典还有为数不少的社区广播。这些社区广播最早被称为"邻居广播"，出现在 1979 年 4 月。最初 3 年在瑞典的 16 个地区试验播出，1986 年开始固定下来。社区广播的数量在

1988年之前增长较快。在瑞典获得社区广播执照需要具备以下条件：与广播地区有关联的非营利组织；瑞典的教会和教会团体；高等院校的强制性社团；地区广播协会。社区广播执照所有者不可覆盖一个以上的城镇，如果超过一个城镇，须经瑞典广播电视局作为特例讨论。这样的案例包括一个城镇的广播组织过少，无法保证每周播出一定量的节目。目前可以提供社区广播的大约有160家。社区广播最大的收入来源是成员订阅费，一些组织还可获得地方政府的补助金。社区广播可以播出广告。

瑞典商业电视台的开办自20世纪80年代就开始酝酿。由于20世纪80年代后期欧洲卫星电视开始"侵入"瑞典，瑞典政府不得不开始允许建立付费的有线电视收看电视节目。瑞典商业电视的发端是1988年瑞典语的卫星电视频道TV3的开播。该频道的总部在伦敦，通过卫星和有线网络进入瑞典。外国卫星电视对瑞典的渗透终于导致了商业性电视在瑞典的产生。

从1984年开始，瑞典国内的一些大财阀开始进行多方游说，要求政府开办能与公共电视机构竞争的商业电视台，瑞典议会也就这一议题进行了长期的讨论。1991年，瑞典政府终于同意允许几家私人财团联合开办一个主要依赖广告收入的全国性商业电视台，即电视四台，同时规定其播放广告的时间只能占全部播出节目时间的10%，此外还要像公共电视台一样承担一些公共义务。

1992年1月1日，瑞典电视四台正式开播。由于电视四台使用了和瑞典电视台SVT 1和SVT 2同样的传输网络，因此它的覆盖范围非常广。电视四台播出的节目内容和类型都很广泛，包括新闻、生活方式、体育和儿童节目等，它不但播出大量的自制节目，也播出来自美国的节目，通过打字幕的方式向瑞典观众播出。由于电视四台承担了一些公共义务，它不能播出直接针对儿童的商业广告或赞助节目。

进入数字电视时代后，瑞典政府放松了对电视四台的要求。根据新的执照协议，该频道不但不再需要缴纳总收入20%~25%的费用，广告时间也大为增加。根据新的规定，瑞典的广播电视频道可以每天播出288分钟的广告，与原来的要求相比，每小时增加了4分钟。这一总量甚至超过了总部在英国的MTG/Viasat和SBS/Discovery这两个频道24小时允许播出 216 分钟广告的限制。

除电视四台之外，卫星电视频道 TV3 也是非常重要的商业电视公司。TV3 开播于 1987 年，面向瑞典、丹麦、挪威播出电视节目。该频道播出了《欲望都市》《急诊室的故事》等大量的美国电视连续剧，是有特别体育赛事和最新剧情片的"娱乐频道"。

第四节 基于国家扶持的电影业

北欧国家的电影业发展总体而言共性大于个性。首先是电影业起步较早，发展平稳。1896 年，电影在法国诞生以后很快进入北欧国家。1897 年，丹麦和瑞典就出现了本国人自己拍摄的电影。20 世纪早期，北欧国家分别出现了本国电影工作者拍摄的作品和成功经营的电影院。在世界范围内，北欧国家的儿童电影和青少年影片享有盛誉。无论在商业利益上，还是艺术成就上，都取得了不俗的成绩。北欧儿童影片和青少年影片在世界各地大大小小的电影节获奖无数，仅以柏林国际电影节的水晶熊奖为例，北欧电影获奖 11 次，占获奖总量的 1/5。以瑞典独立电影《同窗之爱》为例，该片不仅获得了被称为"瑞典奥斯卡"的"金甲虫奖"最佳影片、最佳导演、最佳剧本、最佳女演员 4 个奖项，还在柏林国际电影节获"人道精神推荐奖"及"泰迪熊奖"，并出口 20 多个国家。在 2005 年英国电影促进会"看这个"（Watch This）的电影推荐中，被评选为"14 岁孩子必看影片"的前 10 名之一。

其次，尽管北欧各国在 2000 年前后纷纷取消了电影审查制度，给予电影创作更大限度的自由，但仍以年龄分级确保未成年人在观影过程中受到必要的保护。以丹麦为例，从 1982 年开始，丹麦电影法案规定，政府的电影补贴中至少有 25% 的补贴款要提供给儿童电影。1998 年，丹麦电影促进会（Det Danske Filminstitut）专门成立了儿童和青少年电影中心，从拨款、制作、发行、引进、传播等方面全方位支持儿童和青少年电影（包括剧情长片、短片和纪录片），并担负起儿童电影教育的责任。

最后，北欧国家都有针对电影业的扶植计划，但这种扶植是出于文化保护的需要，而非着眼于市场保护。北欧国家的人口普遍偏少，以冰岛为最。在一个仅有32万人口的国家，如果没有补贴，任何电影都很难收回成本。

除各国的电影资金外，北欧电影基金会（Nordisk Film & TV Fond）也是北欧国家电影人获得资助的重要渠道。该基金会由北欧部长理事会、北欧各国的电影促进会和北欧各国广播电视公司共同组建，上述三方各提供1/3的资金，每年预算大约为1100万欧元，用于扶持影视制作、电影节、电影论坛、电影工作室等。

一 丹麦

从世界范围来讲，丹麦电影可以用起步较早、发展平稳来形容。早在1897年，丹麦人就拍摄了第一部电影。多年来，丹麦电影以现实主义、宗教和道德主题为特征，不断追求技术创新，在世界电影史上有着独特的地位。

1896年6月7日，在卢米埃尔兄弟在法国放映电影后不到半年，在哥本哈根的Panorama影院举办了丹麦的第一次电影放映活动。1897年，丹麦电影的先驱彼得·埃尔费尔特（Peter Elfelt）拍摄了丹麦第一部电影。

1904年，丹麦第一家经营成功的电影院Kosmorama（意为"世界风景照展览"）在哥本哈根开业。这家影院的老板Constantin Philipsen在接下来的数年间建立了覆盖全国的电影院线。1905年，欧莱·奥尔森（Ole Olsen）在哥本哈根开办了Ograf电影院。为确保自家影院有片可映，他开始涉足电影制作，于1906年11月创办了诺蒂斯克电影公司（Nordisk Films Kompagni）①，并将公司重心转为制作长片电影，由此开启了丹麦电影的黄金时代。该公司在丹麦取得成功后，又先后在德国、英国和美国等国建立了多家分支机构。1909~1914年，丹麦一度是欧洲电影繁荣的中心，观影人数超过了好莱坞。

20世纪50年代以后，丹麦电影开始逐渐征服世界影坛，在世界几大顶级电影节颇有斩获。1955年，卡尔·西奥多·德莱叶从威尼斯电影节

---

① 该公司现名北欧电影公司（Nordisk Film），是世界上历史最悠久的电影公司。

"撬回"金狮；1987年和1988年，加布里埃尔·阿克谢的《芭比特的宴席》和比利·奥古斯特的《征服者佩尔》相继获得奥斯卡最佳外语片奖。这一时期，丹麦电影界涌现出一批竭力以新的艺术手法拍摄反映尖锐的社会问题的影片导演和编剧，他们的作品被称为"丹麦新浪潮"。

20世纪90年代以后，丹麦电影的发展主要基于丹麦政府和丹麦电影协会（Danish Film Institute，简称DFI）的支持。丹麦电影协会成立于1997年，是丹麦文化部的下属机构。其职责包括参与发展、制作长片电影、短片电影和纪录电影，发行和市场推广及创办国家电影资料库等。此外，根据《丹麦媒体协定》，丹麦广播公司和丹麦电视二台两个国家公共电视台需要履行的公共义务之一就是为电影提供财政支持，2007～2010年，两家电视台平均每年为电影业拨款1950万欧元，2011～2014年，仅为儿童电影就追加了965万欧元的投资。

近年来，个人娱乐方式的增加对丹麦电影业的发展产生了一定影响。尽管如此，丹麦仍可以达到人均一年去电影院看一场以上的电影的水平。与世界很多地方的情况类似，美国影片在丹麦电影市场占据主导地位，但丹麦本国电影的票房大约仍能占1/3，可谓成绩突出。

二 芬兰

芬兰电影业诞生于20世纪初。1906年，阿波罗电影制片公司成立后开始生产短纪录片。1907年，导演T.普罗与瑞典导演合作拍成第一部短故事片《酿私酒的人》。1913年，普罗独立完成了第一部根据同名小说改编的长故事片《瑟尔薇》，1919年，他与E.卡鲁共同创办了苏奥米影片公司。20世纪20年代，芬兰电影主要改编本国的文学作品。

第二次世界大战期间，芬兰平均年产影片15～20部。战后，芬兰又涌现了一批新的导演，到20世纪50年代，年产量已达25～30部，但到50年代末，由于经济萧条和电视的影响，芬兰电影的数量开始减少。1961年，芬兰电影基金会成立，国家对电影生产给予资助。以后一直到二十世纪80年代，芬兰电影逐渐走上现实主义道路，题材日趋广泛。

1993年，芬兰著名导演伊卡（Ilkka Järvi-Laturi）拍摄的电影《不插电的城市》（City Unplugged），又名"漆黑塔林"，在多个国际电影节上获奖,该片在《伦敦时报》《纽约邮报》的评选中,名列史上最佳犯罪题材影片之第二名,紧随《沉默的羔羊》。

芬兰电影基金会成立于1969年,资金主要来源于国家彩票和国家广播电视公司。基金会为芬兰电影的制作、发行、参展以及举办电影节、文化输出提供资金,对优质电影的生产与传播给予帮助。相对于丹麦、挪威等国对影片获得资助所占总预算配额的严格控制,芬兰电影基金会由于政策的宽松,有时可以起到更大力度的支持作用。①

美国电影仍然在芬兰电影院占据主导地位,本国制作的电影仅在芬兰影院放映中占据较小的份额。人均去电影院的次数比大多数西欧国家少。

三 冰岛

冰岛第一家电影院于1906年在雷克雅未克出现。整个20世纪电影都是冰岛的一种非常受欢迎的娱乐方式。在60年代中期,冰岛全国大约有40家电影院,但在80年代初电影院开始减少。目前,冰岛人每年大约观看200部电影,其中超过95%的电影来自国外,本国电影只占2%~5%,3/4的电影来自美国。

四 挪威

挪威电影业诞生于20世纪初。1904年,克里斯蒂阿尼亚(即现在的挪威首都奥斯陆)诞生了挪威第一家电影院,主要放映外国影片。1908年,挪威摄制了第一部短故事片《渔人的艰险生涯》。从1919年开始,挪威各大中城市着手建立城市电影业联合会,使私营影院私有化,同时兼管制片和发行业务。

但在20世纪50年代之前,挪威电影长时间处于"碎片化"状态,国内市场需求狭小使电影从业者很难从其国内观众中获利,而政府的财政支持对此类高风险投资也有一定抵触,造成一系列电影缺乏前期赞助与设备支持。再加上美国好莱坞的电影在挪威一直占据主导地位,本国电影发

---

① 崔雨竹:《北欧国家电影政策与儿童青少年电影文化》,《当代电影》2015年第2期,第102页。

展举步维艰。尽管从1950年开始政府对电影业发放津贴，保证了挪威本土电影的持续产出，但受益者数量较少。

2001年，挪威文化部出台了新的《挪威电影政策》（The New Norwegian Film Policy），并成立了下属基金机构——挪威电影基金会（Norwegian Film Fund）。挪威电影基金会与早期提供电影产业支持的三大机构合并后，共同致力于革新挪威电影部门并使其完成现代化。政策颁布后，政府通过两大主要资金支持——生产支持（production support）与票房红利（box office bonus）——确保挪威电影制作的资金来源。到2004年，全年有20部本土电影在挪威上映。2001年，挪威上映的犯罪悬疑片《猎头游戏》在上映两周后即开始盈利。该影片先后在50个国家上映，成为挪威电影史上获得最大国际成功的影片。

北欧五国中，挪威的电影基金会最为多样化。除了地区性补贴的电影基金会外，还有针对合拍影片的合作基金会（Co-producing with Norway）、针对北欧土著少数民族的国际萨米电影中心（Internášunála Sámi Filbmaguovddáš）以及挪威电影基金会（Norsk Kino-og Filmfond）等机构提供的资助。

与其他北欧国家不同，挪威电影业受到检查制度的约束。根据1912年《挪威电影法》的要求，为保护公众不受电影中有害元素的影响，挪威电影实行分级制。由于性或暴力的原因，一些电影被禁止放映或者受到年龄限制。比如，有的电影可以供各种年龄段的观众观看，有的电影只能在家长陪伴下观看，有的电影则只能供成年人观看等。另一种规制则是挪威独有的：各地方议会颁发电影院运营许可证，只有获得了运营许可证的机构或个人才能运营电影院。20世纪20年代，许多地方议会只将许可证颁发给本地居民。直到2008年，挪威电影院中仍然是公有影院占主导，挪威70%的影院为公有影院，其电影观众占挪威电影观众总数的80%。

五　瑞典

多年来，瑞典电影一直被认为是北欧电影的旗帜，在世界影坛独树一帜。曾获得奥斯卡最佳外语片奖的《处女之泉》《穿过黑暗的玻璃》《芬妮与亚历山大》被公认为世界电影史上的经典之作。① 瑞典电影业诞生于19世纪末期,早在1896年即有外国人在瑞典拍摄电影。20世纪初的瑞典电影大多取材于北欧国家的文学作品,安徒生、易卜生等人的作品都成为被改编的对象。如1911年瑞典出现的四家电影公司中即有一家专门拍摄根据瑞典小说家、戏剧家J. A. 斯特林堡的作品改编的影片。1917～1924年的默片时代,"瑞典古典学派"曾对世界电影产生重要影响,但之后随着嘉宝等演员离开瑞典赴好莱坞发展,瑞典电影开始一蹶不振,30年代更失去了国际市场竞争力。第二次世界大战期间,由于停止进口外国影片,瑞典电影得以复兴。

然而好景不长,和大多数西方国家一样,随着电视的兴起和美国电影的泛滥,瑞典电影的票房收入每况愈下。依靠票房收入维持再生产的瑞典电影业,在收入日益减少的情况下还得缴纳政府规定的25%的娱乐税,举步维艰。20世纪50年代后半期,瑞典银幕上没有出现过一位新人的作品,电影年产量的递减更使电影业的经济困境加剧。到1962年,瑞典电影年产量已降至14部。于是,瑞典电影业不得不迎来变革。成立电影协会对电影业进行一定程度的扶持,以及新导演拍摄与公众生活相关的电影,使瑞典迎来了"新电影"时期。1963年,瑞典电影协会正式成立,成为瑞典"电影改革"的开始。此后,瑞典政府宣布免征电影院票房收入的娱乐税(税率25%),电影院股东则承诺将票房收入的10%拨给瑞典电影协会,主要用于制作优秀的瑞典影片。到70年代初,瑞典涌现出75位新导演。在此期间,瑞典2/3的影片出自1963年以后登上影坛的新手。尽管目前在瑞典占主导地位的同样是美国电影,但本土电影的数量基本可以保持在每年40部左右。从90年代早期起,每年到电影院观影的人数基本持平,保持在1610万人左右。

需要指出的是,瑞典导演英格玛·伯格曼成为20世纪60年代西方电影变革的先行者。他的电影晦涩但极具风格,成为西方影评界和理论界评论、阐释、读解、赏析的"热点",并形成了国际电影界的"伯格曼现象"。

---

① 刘仲华:《瑞典 让电影发扬光大民族文化》,《人民日报》2003年3月31日,第7版。

在电影政策方面，瑞典以几年一次的电影协定来规划未来几年电影的发展，且详细规定瑞典电影协会（Svenska Film Institutet）的资金来源、数额及分配方式。该协会的经费主要来自文化部的拨款、电影票房收入10％的上缴金额、音像制品的税收和电视台捐赠等。瑞典电视台、瑞典第四频道、现代时报集团、斯堪的纳维亚广播集团、C娱乐等多家电视台都须按照协定向电影协会捐款，每台每年的捐款金额从几十万欧元到几百万欧元不等。此外，电影协会自营的摄影棚及影院、进出口发行业务也为其带来了一定收入。该协会对电影制作及发行、电影节、电影院、放映组织以及儿童、青少年影片等活动提供专项基金。除了瑞典电影协会以外，地方政府也为辖区内的电影教育事业、影片放映等活动提供帮助。

第四章 新媒体的兴起与发展

第一节 网络媒体的兴起

北欧地区是世界上使用互联网及社交媒体最广泛的地区。一份2011年12月的研究报告显示，挪威97%以上的人口接入互联网，在世界上仅次于冰岛；瑞典紧随其后，网络接入率为92%；丹麦排名第9，网络接入率为89%。该报告同时显示，英国和美国的互联网接入率仅排名第14位和第27位。在万维网基金会根据互联网接入率以及互联网接入带来的社会影响和政治影响所做的全球指数排行中，瑞典排名第1，挪威排名第9。加入欧盟的3个国家——丹麦、芬兰和瑞典的网络接入率一直高于欧盟平均水平（见图4-1）。

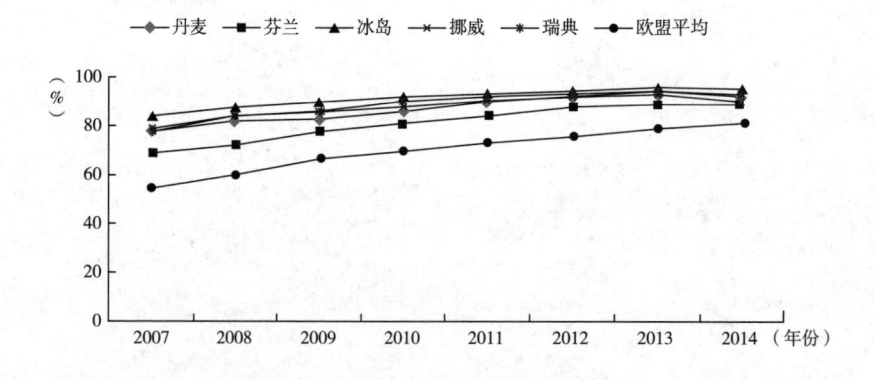

图4-1 北欧国家的家庭网络接入率

注：16~74岁的家庭成员中至少有1人上网。

资料来源：www.hordicom.gu.se/en/media-trends/media-statistics。

一 丹麦

丹麦是世界上互联网普及率最高的国家之一。早在 2008 年，丹麦的网络渗透率就达到 85%。2003～2008 年，丹麦每天上网的人所占比例从 42% 增加到 71%；每周上网的人所占比例从 64% 增加到 80%。90% 的家庭通过宽带连接使用互联网。数据显示，丹麦人使用网络的主要目的为收发电子邮件（91%）；查找信息以及使用在线服务（87%）；使用网络下载或阅读新闻（62%）；大部分的互联网交易是有关旅游产品和各类娱乐产品的（56%）。

从 20 世纪 90 年代中期开始，丹麦媒体就开始利用网络扩大自己的影响力和吸引更多的受众。目前，丹麦所有的报纸都有定期更新的网络版，一些主要报纸开办了电子报纸（e-paper）或针对印刷版报纸读者的特殊内容。

丹麦主要的媒体公司所创办的网站十分受欢迎。在丹麦最受欢迎的十大互联网站中，媒体网站有 3 个，分别是 Ekstrabladet.dk、TV2.dk 和 DR.dk。位居榜首的为谷歌，脸书紧随其后。报纸网站 BT.dk 一度也进入过前 10 名行列。

丹麦的调频广播频率和数字音频广播电台中除 DR Politik 和 DR Nyheder 外，都在因特网上播出。丹麦广播公司还有 13 个只能通过网络广播（web radio）收听的音乐频率，包括通俗音乐频率 DR Dansktop，乡村音乐频率 DR Country，播放通俗经典音乐、电影音乐、歌剧等的 DR Allegro 以及播放北欧及英美民乐的 DR Folk 等。丹麦广播公司于 2005 年 7 月开办了播客服务，主要提供丹麦广播公司 P1 的节目下载，这一网络服务受到用户的欢迎，开办播客仅两个星期，就有 6.4 万个节目被下载收听。

二 芬兰

芬兰大多数报纸定期更新网络版，50 种报纸出版 PDF 版。多数情况下，头版的 PDF 版本免费，需要阅读更多的内容或进行往期查询则需要付费。芬兰有 5 家媒体的网站位于点击率最高的 10 家网站中。

芬兰网络广播在20世纪90年代早期开始出现的时候发展势头良好，但在2001年以后大部分逐渐衰落。芬兰的Gramex曲解了最初的美国版权制度，使芬兰的网上音乐作品成了世界上最贵的音乐作品。无论如何，不足500名用户的芬兰网络广播必须向Gramex支付每个月1890欧元的版权费，再向芬兰作曲家版权协会（Teosto）支付100欧元。多数芬兰广播业者停止他们的同步传输和网络广播服务是因为无法与Gramex就网上音乐的版权费达成一致。商业广播电台在2001年已经停止了网络广播，唯一例外的是Radio Helsinki，该公司与Gramex签订了版权协议。同样受音乐版权的困扰，芬兰广播公司也在2003年末停止了网络上的同步播出。谈话电台YLE Radio Peili、YLE Foorunmi、档案频率YLEArkki以及所有的非音乐点播频率仍然可以在网上同步收听。

但播客并未受到音乐版权问题的影响。2005年3月，播客的概念在芬兰开始出现。9月，芬兰广播公司开始提供播客业务，以MP3的格式提供大约30个不同节目。第一个商业性的播客开始于2005年10月。芬兰广播公司的芬兰播客数量不断增加，NRJ也开始提供播客服务。除了播客，位于坦佩雷的由中国人所有的Radio 86也开始为芬兰、瑞典和法国的私营电台制作关于中国的播客节目。然而，没有关于个人或者广播运营者开办播客的最新信息，只在www.blogilista.fi上提供21个芬兰语的播客。

调查显示，截至2007年12月，62.7%的芬兰人使用网络，年龄在15~74岁的芬兰人使用网络的占80%以上。近年来芬兰的网络使用率增长较为稳定，但增长速度有所减缓。尽管芬兰的网络使用率在世界居于前列，但在北欧国家中属于发展最落后的国家。2008年每天上网的芬兰人占比66%，比欧洲的43%高，但比上网率最高的国家冰岛低16个百分点。

根据一项代表性调查的结果，芬兰受众使用网络的主要目的之一是在线阅读杂志和报纸。16~74岁的芬兰国民中，一半以上的人口，也就是70%左右的网络用户在线阅读杂志和报纸。其中，最活跃的读者是25~44岁的年轻人。但是，与在线阅读的热情相比，在线订阅报刊却不是普遍现象。在芬兰，几乎每一个45岁以上的成年人都有阅读报纸的习惯，但年轻人阅读纸质书刊的人数低于其他群体。

近年来，网上银行业务逐渐扩展，人们越来越习惯于使用网上银行支付账单、进行转账。2008年，72%的芬兰人（约2800万人）使用网上银行服务，近八成的60～74岁的老人也在使用网银。

2008年的网络使用调查显示，芬兰人使用网络的目的依次为：收发电子邮件（90%）；查找产品和服务相关信息（88%）；使用网上银行（87%）；浏览旅游及住宿网站（70%）；在线阅读报纸书刊（69%）；寻找养生健康信息（62%）；从权威机构网站获取信息（56%）；阅读网络博客（38%）；仅有5%的用户使用网络原创博客内容。

然而，芬兰人对于政治生活的网络参与并不十分积极。16～74岁的芬兰人中，有29%的人通过网络了解政治情况，其中，生活在大城市的高学历年轻人更习惯于通过网络了解政治信息。然而这些在线关注政治话题的人中，仅有1/10的受众会参与政治议题的讨论。

从21世纪初开始，互联网开始逐渐影响传统媒体的发展，包括报纸、杂志、书籍、电影院、广播电视以及唱片行业，互联网的出现动摇了它们既有的地位以及相互支撑的媒体局面。于是，"旧"媒体迎来了它们的过渡期，主动迎接数字网络时代的媒体新环境，并且表现出色。

2015年第三季度，大型媒介集团芬兰报业集团在芬兰互联网和移动互联网上的盈利额占总盈利的20%，从广告市场来看，虽然芬兰报业集团在芬兰的广告市场出现萎缩，但该集团在线上广告市场的占有率依然有轻微增长，2015年第三季度增长了2%。

在2014年，另一个芬兰传媒集团Ilta-Sanomat在互联网上的盈利额与纸质报纸的盈利额基本相同，此前，其报纸盈利额逐年以5%左右的速度下降，而网络销售额则迅速上涨。

可以说，在这样的环境下，传统媒体并不甘于落后，而是在网络上表现强势。根据芬兰网站的周访问量排行，前20家芬兰网站中就有7家是依托于传统大众媒体的网站；而排名前50名的网站中，就有16家大众媒体网站。传统媒体在网站竞争中处于领先地位，报业集团网站和广播公司、电视频道的网站都受到极大的欢迎。

在排名前 10 的最受欢迎的网站中，芬兰的 3 家商业媒体公司的网站的地位不容小视，包括阿尔玛媒介集团和芬兰报业集团，其旗下最具竞争力的小报网站占据浏览量前两名的位置，波尼尔集团旗下最大的商业电视公司 MTV3 的网站紧随其后。

另外，商业报网站 Kauppalehti. fi（隶属于阿尔玛集团）和 Taloussanomat. fi（隶属于芬兰报业集团）也在前 10 名之列，有一点值得注意，Taloussanomat 从 2008 年开始已经停止了纸质版印刷销售，转而全面投入网络市场。

几乎所有的芬兰报纸都出版网络在线版报纸，2008 年，芬兰 197 家报纸中仅有 5 家报纸没有提供在线版报纸服务。芬兰小报网站的上升势头很明显，这类网站的周访问量与日俱增，这与宽带技术的普及和对娱乐新闻的需求是分不开的。与此同时，传统纸质小报的市场就更加萎缩了。即便是芬兰报业集团邮递到家的免费日报，也针对年轻受众推出了网络版，如 Metrolive 集团创办了在线本地新闻网站 Vartti. fi。

芬兰一家市场调查公司针对年轻人的媒介使用习惯进行了一项调查研究，他们让 12～20 岁的年轻人按照从 1～5 分的重要性为大众媒体打分。结果显示，年轻人认为最重要的媒体是互联网，得分 4.29；接下来依次是：电视 3.84 分、报纸 3.0 分、广播 2.9 分、邮递上门的免费日报 2.03 分、其他方式邮递的免费日报 1.82 分、免费取阅报纸 1.76 分。由此可见，互联网成为年轻人最主要的媒体平台。

三 冰岛

在公众接受因特网和计算机拥有量方面，冰岛人在家使用电脑和网络的水平均处于北欧和欧洲国家的前列。2002 年，冰岛已有 80% 的人在家或工作地点上网。2005 年，89% 的冰岛家庭拥有个人电脑，84% 的家庭接入互联网。相应的数字在欧盟 25 国则分别为 58% 和 49%。几乎 90% 的 16～74 岁的冰岛人在过去 3 个月中使用过网络，而欧盟国家的平均水平为 50%。世界经合组织（OECD）2005 年 12 月的数据显示，冰岛的人均宽带渗透率居世界首位。

四 挪威

挪威因特网的发展与其他工业化国家类似。因特网的扩散始于学术机构,但在1996年互联网开始用于商业。此后家用电脑用户和网络用户数量得以增长。1999年互联网用户的增长实现突破。在互联网的各种用途中,电子邮件、文件传输、聊天室和游戏是个人交互传播的案例。

盖洛普公司对挪威主要商业网站的监测显示,报纸网站VG是使用最多的网站,2002年3月的访问量达到170万人。所有的报纸和广播电视频道均提供网络新闻服务。20世纪90年代以来,挪威广播电视机构积极投身于互联网等新媒体的建设,目前挪威广播公司、电视二台等广播电视机构的网站都在挪威最受欢迎的10个网站之列。其他两类使用率比较高的是搜索引擎和信息高速路。挪威统计局的调查显示:2007年,66%的9～79岁的挪威人每天上网,比2006年增长了6个百分点。这一增长出现在各个年龄层,在年轻人中的表现尤为明显。宽带使用家庭的数量也在增加。

近年来,挪威网络广告收入不断增加,从1998年的800万欧元增至2005年的1.17亿欧元(见图4－2),占所有广告收入的份额也从1%增至6%左右,但与传统报业广告所占的比例相比,这个数字还显得微乎其微。另外,尽管挪威人的网络使用率很高,但他们并不习惯网上购物这样的增值服务,所以网络提供商还不能从网络商务中获利。

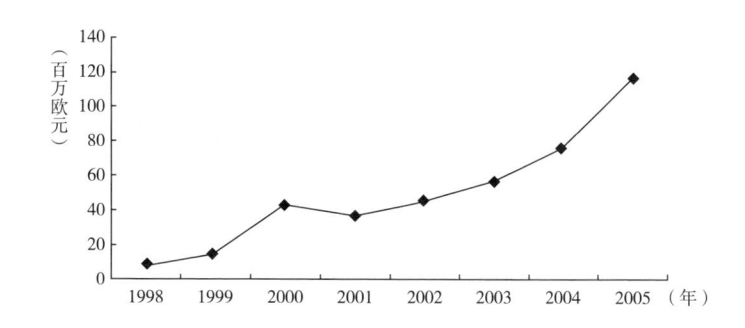

图4－2 挪威网络广告收入

资料来源:MediaCom AS(1998~2001)、INMA(2002~2004)、ITM(2005)。

五 瑞典

瑞典的许多报纸从20世纪90年代中期开始推出网络版。21世纪初，几乎所有的瑞典报纸都开发了网络版。最流行的网上媒介是由《晚报》在1995年开办的同名网站Aftonbladet.se，该网站每周吸引300万名访客，大约占全国人口的33%。虽然大多数瑞典报纸的网上服务仍在烧钱，但网络服务仍被认为是印刷媒体重要的补充，也是面向未来的一种投资。

瑞典网络广播服务发展情况良好。首先，瑞典电台从1995年开始投资网络。5年后，已经在调频和数字音频广播网络上同步播出了它的4个频率，到2005年，瑞典电台的6个数字音频广播频率全部可以通过网络广播收听。其中P3 Star和SRX是针对年轻人的音乐频率；SR Sverige主要播出世界打击音乐；SR Minnen是一个资料频率；SR Klassik专注于经典音乐；SR Sisuradio是一个芬兰语的少数民族语言频率。此外，数字频率SR Plus以HTML网页形式播放瑞典电台的网络内容。同时，瑞典广播电台还在2005年5月开办了播客，以MP3的格式通过因特网提供20套左右不同的广播节目和播客。

瑞典第一个纯粹的网络电台是开播于1999年的www.radioseven.se，其门户可提供3个不同的频率。挪威人拥有的www.nordicwebradio.com称自己是北欧地区领先的流媒体服务商，提供15个瑞典语的节目流。此外，该公司还运营着另外一个瑞典语门户网站www.sprydio.com，该网站提供8个FM频率的同步直播节目和12个纯网络音乐频率的节目，可以通过人们收听的情况自动生成音乐排行榜。另一个瑞典门户网站www.podradio.nu可提供瑞典语的集中订阅的播客服务。该网站有大约50个受用户欢迎的播客频道的列表以及可以使用的所有新播客的列表。

瑞典自2004年开始统计网络广播的收听情况，数据显示，网络广播的收听率在不断上升，2005年第一季度的听众人数约占瑞典人口的2.3%，但瑞典没有个人或广播运营者开办播客数量的确切统计。

数字媒体对瑞典的媒介结构产生了影响。瑞典的互联网渗透率、计算机使用率都居世界前列。瑞典人使用互联网的人数不断增长。1995年，

27%的瑞典人在家使用个人电脑，每周上网的人占比4%；2000年，这一比例已经分别增长到64%和32%。2005年，瑞典在家使用电脑的人数占83%，网络用户占42%，一年后，网络用户的比例已增长为52%。

第二节　广播电视的数字化转型

北欧国家是世界上最早开展广播数字化转型的国家，丹麦、芬兰、挪威、瑞典等国在20世纪90年代中期即开始数字广播的试验播出，但由于数字广播标准不确定以及数字收音机价格过高等问题，广播的数字化一直前途未卜，各国的数字化进程也是走走停停。芬兰已经宣布彻底放弃数字广播。

相反，电视的数字化发展势头良好。继2007年芬兰成为世界上最早完成电视数字化的国家后，瑞典、丹麦、挪威也相继完成了电视的数字化转换。冰岛的电视数字化转型也即将完成。

一　数字广播：前景黯淡

（一）丹麦

丹麦从1994年开始数字音频广播的试验。1996~1999年，丹麦广播公司从一个支持数字广播发展的公共基金Erhvervsfremmestyrelsen那里获得了2210万丹麦克朗（约合280万欧元）的资助，与Bang & Olufsen合作开展数字音频广播试验。丹麦广播公司的这一试验有两个主要目的：一是发展数字音频测试广播，Bang & Olufsen制作了500个数字收音机，向3个地区的丹麦家庭投放；二是了解听众对数字广播的期待，受众对广播"数字增加值"的期待以及如何建立用户界面等。但是由于数字接收机的一些技术问题和试验数字广播缺乏多样性的节目及可评估的附加服务等，这次试验播出没有获得预期的成功。于是丹麦的数字广播业面临着与其他北欧国家一样的鸡生蛋、蛋生鸡的问题：在缺乏听众的时候，作为节目提供商的丹麦广播公司缺乏发展和提供新的、昂贵的节目内容的动力；由于缺乏国内数字收音机生产厂商，听众没有可能或很少有可能购买数字收音机，当然，只要数字广播传输没有普及，收音机零售商就没有出售数字收音机的动力。

基于文化部在 1998 年的一份报告《DAB – 广播的明天》(*DAB-Fremtident Radio*)，丹麦国会决定将数字音频广播服务的发展作为 1997~2000 年媒介政策的一个部分，并在 2001~2002 年和 2002~2006 年的媒介协定中进一步强化。丹麦广播公司被指定为数字音频广播的先导。2001年，丹麦成立了广播服务联合企业 Denmark A/S（丹麦广播公司和电视二台各占 50% 的股份），负责广播电视由模拟网到数字网络的转换，包括铺设丹麦的数字音频广播网络。

2002 年，丹麦开始定期提供数字广播服务。当年秋天，丹麦广播公司开办了 8 个数字音频广播频率，当时丹麦的数字广播用户数量非常少，到 2003 年底，也只有 6400 个用户。经多方努力，2004 年丹麦的数字收音机数量达到 4 万台，占全部家庭户的 0.6%。尽管 2005 年之后数字收音机数量有所上升，但也只有 1/4 的人口拥有数字音频广播收音机。

丹麦的商业广播公司从 2003 年开始开办数字音频广播，由于需要同时播出数字音频广播和调频广播，这些商业广播公司感到负担沉重，有的甚至因此退出了丹麦广播市场（如天空广播）。

目前，尽管丹麦尚未确定最终的数字广播转换时间，但丹麦是北欧国家中唯一确定要继续发展数字音频广播业务的国家，且丹麦的数字音频广播覆盖率已经达到 100%。

（二）芬兰

1994 年，芬兰广播公司和诺基亚公司在芬兰合作进行了最早的数字音频广播试验播出。两年后，芬兰广播公司制订了自己的第一份数字音频广播计划。1998 年，芬兰广播公司开办的数字谈话广播频率 YLE Radio Peili 在数字音频广播和因特网上同时开播。1999 年，该公司又开办了另外两个新的纯粹数字音频广播频率。到 1999 年，芬兰的广播电视传输公司 Digita[①] 已经建成了一个数字音频广播网络，覆盖芬兰南部约 40% 的人口。芬兰政府要求唯一的全国性商业频道 Radio Nova 也要投资数字广播。芬兰的 42 家商业广播电台也申请加入数字音频广播网络，但未获得政府

---

① 该公司原为芬兰广播公司旗下公司，现归法国的 TDF 完全所有。

的批准。此后,由于数字广播听众数量过少等原因,商业电视公司 Radio Nova 最先失去了对数字音频广播的兴趣,芬兰广播公司也开始重新考虑它的数字广播发展策略。2001 年 11 月,芬兰广播公司决定暂不扩大数字音频广播运营。

2003 年 12 月,芬兰政府批准了 3 个全国性商业数字广播执照。然而,他们批准使用的是数字电视网络(DVB-T)而非数字音频广播网络。到 2004 年,芬兰广播公司仍然是唯一的数字音频广播业者,拥有 12 个数字音频广播频率和不到 1000 名用户。

芬兰交通和通信部的一个工作组于 2004 年 12 月提交的一份报告表现出对数字音频广播的最终成功缺乏信心,该报告指出,在这一阶段,没有特殊的原因加速广播数字化。[①] 正是基于这一原因,芬兰广播公司最终关闭了数字音频广播网络,并在 2005 年 8 月停止了数字音频广播播出,在现存的数字电视(DVB-T)网络上增加了广播服务。在关闭了数字音频广播网络后,芬兰广播公司将 6 套广播节目转至数字电视网络播出:YLE Radio Peili 仍然是一个谈话频率;Ylen Klassinen 播出经典音乐节目;YLE FSR + 是一个同步播出的瑞典语频率。按照这一新技术策略,芬兰广播公司还考虑利用新的手机电视(DVB-H)和数字多媒体广播(DMB)传送广播节目。鉴于数字音频广播并未成为欧洲的共同标准,且听众对数字音频广播的热情也不是很高,芬兰已经宣布放弃数字音频广播的开发和转型。

(三)冰岛

2004 年,冰岛广播公司已经开始利用特殊的音乐频道 Rondo Music 进行数字音频广播的试验播出,首都雷克雅未克及周边地区 2/3 的家庭可以接收到这一数字音乐频率的节目。Rondo Music 也通过调频广播每天 24 小时同步播出。但数字广播未能引起私营广播业者和听众的兴趣。

对听众来说,数字音频广播接收机不但昂贵而且不易购买,另外,听众认为冰岛现有的广播资源已经足够,他们没有通过购买数字接收机获得额外服务和价值的动力。由于几个北欧国家都存在数字音频广播未来发展不明确的问题,目前谈数字广播的家庭渗透似乎为时尚早。

---

① Marko Ala-Fossi & Per Jauert, "DAB in Nordic Countries", *Diffusion* 13 (2004).

（四）挪威

挪威国会从 20 世纪 90 年代中期以后对发展数字广播持积极态度。1995 年，挪威广播公司在首都奥斯陆地区开始进行数字音频广播的试验性播出，与调频广播频率同步播出该公司旗下的 3 个基本广播频率 P1、P2 和 Petre。全国性商业频率 P4 也在数字音频广播网络上同步播出自己的频率 P4 Hele Norge。1995 年 6 月，挪威广播公司开办了世界上第一个只在数字音频广播网络上播出的音乐频率 NRK Alltid Klassisk。1999 年，该公司又开播了数字新闻频率 NRK Alltid Nyheter。截至 2005 年底，通过境内两个数字广播网络，70% 的挪威人可以接收到地面数字音频广播的信号。目前，挪威广播公司在因特网上同步播出 28 个 DAB/FM 频率——其中 16 个是区域频率（distriktssendinger）。两个私营全国性商业频率 P4 和 Kanal 24 同步播出它们的调频频率，挪威境内的许多地方频率同样如此。

尽管挪威是世界上最早开办数字音频广播的国家之一，但数字音频广播在挪威的发展并不快。挪威数字音频广播收音机的销量从 2005 年的 5 万台降至 2006 年预期的 3 万台（总销量大约为 80 万台）。

由于欧洲数字广播发展出现的技术标准纷争较为明显，DAB+、数字版权管理（DRM）、数字多媒体广播等都可能成为数字音频广播的替代技术，同是北欧国家的芬兰已经叫停数字音频广播转而发展手机电视，瑞典虽未对数字音频广播叫停，但也对数字音频广播能够取得更大的影响持否定态度。鉴于欧洲内部对未来数字广播技术的发展尚未形成统一认识和确定的技术标准，作为小国的挪威又不可避免地会受到大国标准的影响，因此挪威政府对数字音频广播能否成为数字广播的最终解决方案逐渐持观望态度。挪威统计局（IKT）的秘书长认为，数字音频广播技术很快会过时，他在 2005 年警告挪威人不要急于购买数字音频广播接收机。

2004 年 12 月，由挪威文化和宗教事务部下属的挪威媒介管理局领导，来自各家广播公司、网络运营商和无线电器设备分部的人共同成立了国家数字广播工作领导小组。2005 年 12 月，该工作组发布了《挪威的数字广播》。工作组在这份 260 页的工作报告中提供了大量关于挪威数字广播发展现状和趋势的数据及事实描述。该报告认为，挪威的广播数字化主要面临着 4 个方面的挑战。

● 建设一个新的传输网络是一个耗资巨大的过程——但这可以与更换破旧的模拟网络的费用平衡；

● 数字广播必须通过广阔的覆盖和丰富的内容选择来形成大型听众市场；

● 委员会建议关闭模拟网络的可能时间为 2014 年；①

● 不确定的国际发展——数字音频广播已经在欧洲获得了认可，但仍然不能确定何种技术会成为未来的主导，目前数字版权管理和数字多媒体广播被认为是数字音频广播的补充性技术而非竞争性技术。

该工作组建议扩大数字音频广播的覆盖范围，通过最优化的覆盖和富有吸引力的内容来扩大市场。但它对数字音频广播扩大市场的可能性也存有疑虑，对于数字音频广播是否有足够的增长来回报广播公司的巨大投入没有进行回答。

除此之外，由于挪威互联网的普及率较高，挪威的广播电台都建立了网络站点，同步播出各家电台的 FM 频率或者建立只在网上播出的网络广播频率。根据 www.radionytt.no 的数据，截至 2005 年 5 月 24 日，挪威已经有 46 家电台上网。电台网站除了提供网络广播外，还提供播客服务，这使互联网成了广播电视的新平台，对数字广播的发展也形成了一定挑战。

（五）瑞典

瑞典是世界上最早进行数字音频广播试验播出的国家之一。1995 年，瑞典进行了数字音频广播的试验播出。瑞典政府、瑞典国家电台和传输公司 Teracom 都乐于看到数字广播成功。1998 年，瑞典开办了全国性的芬兰语频率 Sisuradio（P7），这也是瑞典第一个真正的数字广播频率。到 1999 年，瑞典电台的传送网已覆盖全国 85% 的人口。

在瑞典，瑞典广播电台和瑞典广播电视台拥有全国性的数字音频广播执照。尽管瑞典广播电台此后相继开播了 SRC、SRX、SR Klassikt、SR International、P2 Musik 和 P3 Star 等多个数字音频广播频率，但现代时报集团和斯堪的纳维亚广播公司等旗下的商业电台对发展数字音频广播没有

---

① Lars Winsvold, *DAB in Norway: Status and Future*, EPRA Dubrovnik, Aug. 5, 2006.

足够的兴趣，数字音频广播收音机的销售量和听众数量仍然寥寥无几。2001年末，瑞典电台和通信公司Teracom决定关闭大部分的数字音频广播网络。此后，瑞典听众只能在斯德哥尔摩、哥德堡、马尔默和卢雷亚4个大都会地区收听数字音频广播节目。

2001年11月，瑞典文化部派亨利克·瑟林（Henrik Selin）对国内外的广播数字传输问题进行研究。瑟林的报告没有建议如何发展数字广播，但他分析了不同的数字传输系统的所有可能性。这一报告为国会在2002年6月成立数字广播委员会做了基础性工作。两年后，该委员会发布的最终报告认为，鉴于数字音频广播对小规模的社区广播和地方电台进行数字化改造时可能存在不足，因此，并未将数字音频广播作为未来数字广播发展的唯一标准。

2003年，瑞典国家广播电台和最大的私营广播公司在一篇共同的文章中要求文化部部长Leif Pagrotsky尽快制定瑞典的数字广播规范。2005年5月，瑞典广播电台要求文化部提出一个单独的数字广播的数字音频广播解决方案。同年12月中旬，瑞典文化部部长宣布政府不支持扩大数字音频广播网络，暂时也不考虑关闭模拟广播的调频网络，他希望瑞典电台能够在数字音频广播之外同时研究和发展其他的数字传输平台。

此时，尽管瑞典的数字音频广播网络可以覆盖瑞典35%的人口，但多数听众并不收听数字音频广播。尽管瑞典广播电台自1995年以来已经在发展数字音频广播上投入了4亿瑞典克朗（约合4240万欧元），但数字音频广播用户只有7000多人。由此可知为什么瑞典文化部不愿意"把鸡蛋放在一个篮子里"——依赖数字音频广播发展数字广播。瑞典政府希望通过推迟对数字广播技术标准的制定，选择一个更加有效和先进的数字广播系统或者至少是一个多元的数字化传输网络。政府的这一决定使瑞典广播电台大为震惊，他们需要花费一些时间来适应新的发展态势，并尽快确定第二套方案。

尽管SR和Teracom先前使用卫星和数字地面电视网测试数字环绕声音广播，但瑞典没有DVB-T网络，瑞典广播公司是用数字电视传输网络播送广播频率。瑞典广播公司的这种选择是可以理解的。因为瑞典广播电台和瑞典电视台是两个独立的公共服务公司，因此，瑞典广播公司并不打算逐步削弱数字音频广播的发展力度。由于瑞典广播公司已经被批评因将数字广播的发展过分寄希望于数字音频广播而忽视了其他可以选择的数字传输网络，因此，该公司正在考虑将 DVB-T 或 DVB-H 作为数字广播的选择方案。

二　数字电视：已入春天

与数字广播发展的迟缓不同，北欧国家除冰岛以外，已经全部完成数字电视的转化。数字地面电视、数字卫星电视和数字有线电视的全面推广极大地解决了北欧国家由于地理原因造成的电视频道过少问题。除传统的综合频率外，一些针对特定人群和特定地区的细分频道开始出现，一些原本无法获得接近全国覆盖率的电视频道也成了全国性频道。电视频道间的竞争进一步加剧。

（一）丹麦

1999 年，丹麦在首都哥本哈根和西兰岛开始数字电视试验播出。另一次试验于 2002 年在北部的日德兰半岛进行，播出 3 个公共频道和 1 个试验性地区频道 TV2/Nord-Digital。2005 年 6 月，丹麦做出决定，于 2009 年 10 月停播模拟电视。全国性数字电视播出始于 2006 年 3 月 31 日，最初只有 DR1、DR2 和 TV2 三个频道。丹麦的多媒体平台由丹麦广播公司和电视二台的合资公司 I/S DIGI-TV 负责运营。2007 年 6 月 11 日，丹麦文化部宣布保守人民党、社会民主党等 6 大党同意进一步扩大数字电视网络。商业电视将通过 4 个多媒体平台来提供多样化的节目以促进竞争。另一个平台 MUX 2 将用于公共服务广播，播出丹麦广播公司的儿童和历史频道、1 个议会频道、给予 TV2 地区台更多的播出时间以及给丹麦广播公司更多的空间。这些新的多媒体平台将采用 MPEG – 4 的标准。

（二）芬兰

芬兰的数字电视广播开始于 2001 年 8 月 27 日。2002 年 5 月，芬兰交通和信息部发布了数字电视政策，提出以下指导方针：政府为数字电视创造良好的运营条件；政府不承担经济责任，将来也不索取任何费用；没有设备补贴或税收减免；除国家基金外不交额外的租金；第 4 个多媒体平台用于数据传输。2003 年 6 月，芬兰数字电视人口覆盖率达 74%，有 10 个数字电视频道；到2004年，数字电视人口覆盖率已经达到94%。2006年10月，50%以上的芬兰家庭拥有一个数字终端或者一台整合数字电视。除芬兰广播公司的YLE TV1和YLE TV2之外，还有一系列全国性的专门频道，如MTV3所有的全国性商业频道MTV3 + 和Subtv（娱乐和电视剧）、四频道Nelonen的升级版以及MTV3和芬兰报业集团共有的数字体育频道Urheilukanava等。

2007年9月1日，芬兰完成了全国境内的数字转换。除芬兰广播公司的频道外，还有免费和付费的商业频道14个。2008年，芬兰全国250万户家庭中有220万户家庭为电视家庭户，其中96%的家庭有数字电视接收机，40%的家庭有数字录影机。

数字电视的出现带动了付费电视的发展。3年中，付费电视频道的数量翻了两番。目前芬兰27%的家庭至少有1个付费电视频道。观众看得较多的电视频道是MTV3旗下的付费电视频道Max & Fakta、Subtv Junior & Leffa、迪士尼频道、TV1000频道、探索频道等。2008年春，芬兰付费电视频道的收视时间大约占7%。

拥有数字视频刻录设备（DVR）的家庭观看数字电视的时间增加了12%。其中，女性多用数字刻录设备观看电视剧、儿童节目和电影等，但对新闻、体育比赛则多观看直播节目；男性2/3的时间用于观看流行电视节目。

芬兰数字电视频道分为4个频道包，其中有14个免费数字频道、19个付费电视频道和5个广播频率。由于完成了数字转换，未来芬兰的电视频道数量将进一步增加，包括新的电视频道、宽带手机网络、高清晰度电视等。芬兰第一次高清晰度传输试验于2009年9月进行。

芬兰在发展移动广播电视服务和移动电视方面扮演着特殊的角色。一方面，芬兰是使用数字视频技术（DVB）较为先进的国家，已经建立了一个全国的DVB-T网络，并完成了数字电视的转换。另一方面，当时芬兰的通信业巨头诺基亚公司已将移动电视和DVB-H技术作为自己的核心战略。

1999年春天，芬兰成为世界上第一个全国半数民众拥有手机的国家，手机用户超过了固定电话用户。诺基亚是基于移动观念的数字电视技术 DVB-H 的始作俑者，这是 DVB-H 被选为芬兰移动数字电视技术标准的主要原因。除了电视和多媒体，DVB-H 还可以负载广播类服务。芬兰交通和通信部建议，未来 DVB-H 网络 10% 的空间需要提供给广播和数据服务商。DVB-H 也成为在可以预见的将来广播数字化最值得关注的技术选择。

（三）冰岛

与数字广播的缓慢发展不同，冰岛数字电视的家庭转换速度很快。商业电视公司对数字电视转换的态度非常积极。2005 年，冰岛邮政和电信管理局授权给 Dagsbrún 公司 2 个 DVB 标准的地面数字电视平台。2005 年，Dagsbrún 宣布在平台 Digital Island 上以数字地面电视同步播出其所有的模拟频道及一些额外的纯粹数字频道（如 Stöð 2 +、Syn Extra）。Digital Island 的数字传输可以在首都地区以及国内部分大城镇被接收，可以覆盖冰岛 60%~70% 的家庭。Dagsbrún 公司还通过数字地面传输网同步传送 46 个外国卫星频道的节目。冰岛另一个私营电视公司 Síminn 和其他一些小型公司则通过 XDSL 宽带网向用户提供 60 个外国卫星频道的数字电视节目服务。Dagsbrún 和 Síminn 还从 2005 年开始利用宽带向其客户提供视频点播服务（VOD）。2006 年早期，大约 50% 的冰岛家庭拥有数字电视接收机。

冰岛邮政和电信管理局在将 2 个数字电视地面平台授权给 Dagsbrún 公司的同时，将另外 3 个数字平台授权给冰岛广播公司，其中 1 个用于高清晰度电视（HDTV）试验。但冰岛国家电视台（RÚV-TV）没有宣布何时开展数字传播。

冰岛原计划在 2007 年底之前以卫星传输的方式实现数字广播电视的全部覆盖，冰岛 99.9% 的家庭将通过地面和宽带接收数字电视节目，并最迟将于 2010 年关闭模拟系统。事实上，由于 2008 年后冰岛经济大幅下滑，冰岛克朗迅速贬值，冰岛完成数字转换的时间已推迟至 2014 年。

（四）挪威

2000 年 6 月，挪威在奥斯陆、卑尔根和特隆海姆三大城市进行了数字电视试验，但其后挪威数字电视的发展较为缓慢。2002 年，挪威广播公司、挪威电视二台和挪威电信公司合资成立了挪威电视公司（Norges

Televisjon，简称 NTV）。2006 年 6 月 2 日，挪威国会授予其为期 15 年的数字地面电视执照，允许其建立数字广播电视地面传输网。此外，NTV 还负责向挪威公众进行模拟电视向数字电视接收转换的知识普及。

挪威媒介管理局负责监督 NTV 是否履行获得牌照和许可证所承诺的义务，如传播和消费者导向等问题。挪威电信管理局负责监督其发展和覆盖相关的设备、频率、数字电视接收及竞争方面的问题。NTV 的基础设施由挪威电信公司的子公司 Norkring 负责，内容由挪威广播公司和 Riks TV 负责。

据 NTV 网站介绍，挪威地面数字电视开始于 2004 年，商业试播开始于 2006 年秋，模拟电视的关闭将分地区逐步推进。2001 年挪威计划推出 3 个多媒体平台。2007 年开始建设地面数字电视网络，2007 年 9 月 1 日，挪威开办了数字地面电视，斯塔万格（Stavanger）及其乡村 Rogaland 是挪威最先享受数字地面电视的地区。之后，首都奥斯陆开办了数字电视，到 12 月中，挪威南部多数城市已经接入数字地面电视网络，这意味着挪威的数字地面电视在开办仅几个月之后就覆盖了 80% 的常住居民。2008 年，数字地面电视推广到挪威北部和两个最南部的乡村，到 2008 年 11 月将覆盖整个国家。模拟电视将按照区域逐步关闭，到 2009 年完成数字电视转换。数字电视和模拟电视将在每个区域同步传输 6~12 个月。第一批模拟电视关闭于 2008 年 3 月在 Rogaland 完成。最后的转换于 2009 年 12 月 1 日在北部城市特罗姆瑟和芬马克完成。

政府要求 NTV 的数字网络必须覆盖 95% 以上的永久住户和 70% 以上的乡间村舍和休闲屋。实际上挪威的数字地面电视网络已经覆盖 98% 的城市家庭和 87% 的农庄。数字电视用户使用一个 UHF 天线和 NTV 特许的机顶盒数字解码器收看电视。根据挪威政府的要求，解码器的基础价格不能超过 1500 克朗。

（五）瑞典

当前瑞典政府和国会在媒介和传播方面的优先政策是使瑞典获得先进的信息经济。1997 年春天，瑞典国会决定在瑞典引进数字地面电视，数字电视转换开始于 1999 年 4 月。2003 年，瑞典国会决定数字电视转换将分阶段逐步完成，至少在 2008 年 1 月底前完成。

瑞典数字电视网络采用 DVB-T 标准，广播业者发送开路和加密电视频道信号，大多数频道需要使用 Boxer 解码卡，只有一家公司允许出售该解码卡。1997 年 4 月 9 日，瑞典国会决定在瑞典开办地面数字电视。1998 年 6 月，政府决定部分频道在数字网络上播出。这些频道获得了全国性执照，除 SVT1、SVT24 和 TV4 之外，还有 TV3、Kanal 5、Canal +、K World、TV8 和 eTV。最初只有两个多媒体平台，因此 SVT2 被排除在外。在政府决定建第 3 个数字网络前，SVT 获准在数字平台播出。

为此，瑞典建立了两家公司处理加密业务，即 Senda 和 Boxer。数字地面电视网络建设始于 1999 年 4 月 1 日，瑞典成为欧洲第二个开办数字地面电视的国家。当时只有 SVT1、SVT2 和 SVT24，数月后增加了 5 个地区性 SVT 频道。直到当年秋天，TV3、TV4、Kanal 5、TV8、K World、Canal + 和 eTV 开播，才出现了商业数字电视。Canal + 获得了两个额外的执照，即 Canal + Gul 和 Canal + Bla。同年秋天，Boxer 开始开展业务，起初发展缓慢，该网络运营 6 个月后只有 500 户家庭租用机顶盒。2000 年 1 月，瑞典颁发了新的执照，开办了第 4 个多媒体平台。

2001 年 6 月，现代时报集团决定在 8 月停播其地面广播。由于它不再播出任何节目，其执照被收回。这年秋天，现代时报集团的 5 个频道被探索频道、动物星球、MTV 北欧、尼克罗迪恩和欧洲体育台取代。TV4 获得了一个转播 CNN 国际频道的执照。

2002 年，eTV 和 K World 破产。SVT 地区频道停播，取而代之的是运动频道 SVT Extra。2002 年 10 月 1 日，Senda 和 Boxer 合并成立了新 Boxer。2002 年 12 月，SVT 开播了儿童频道 Barnkanalen，2003 年 2 月重新开播了 SVT24。TV4 在同年 3 月开播了第一个数字频道 TV4 Plus。2003 年和 2004 年机顶盒的销售量开始增加。

2003 年春，瑞典政府决定关闭模拟网络。2004 年，瑞典开办了第 5 个平台，使 Disney Channel、TV3、ZTV、TV4 Film、TV8、TCM、BBC World、Discovery Travel & Adventure and Showtime 等更多的频道可以进入数字平台，这意味着现代时报集团重返地面数字网络，他们开办了几个月的免费频道，8 月开始对其频道加密。2004 年，瑞典还开办了 SVT 和 UR 合办的 Kunskapskanalen。2005 年地方节目发生了许多变化。TV4 将其地方台搬上了数字网络，SVT 也开始提供其他地区的节目以供受众观看。Kanal Lokal 等新的地方商业频道也开始出现。

2005 年 9 月 19 日，Gotland 成为瑞典第一个完成数字转换的地区。当年秋天，Gävle 和 Motala 也停播了模拟信号。

2006 年 12 月，新的右翼政府决定开办第 6 个数字平台。2006 年 10 月 17 日，Boxer 对付费电视的垄断遭到了欧洲议会的批评，并被告上欧洲公平法庭（European Court of Justice）。

2008 年 3 月 27 日，瑞典广播电视管理局（RTVV）颁发了新的广播电视执照，这是该局而非政府第一次颁发执照。新的全国性频道执照颁给了喜剧频道（Comedy Central）、探索频道（Discovery Science）、国家地理频道（Jetix，National Geographic Channel）、娱乐时间（Showtime）、电视四台体育频道（TV4 Sport）、TV1000、Viasat Sport 1。此外，该局还颁发了新的地区执照，其中部分频道将在新的第 6 个平台播出。

目前瑞典有 5 个转换网络。当数字电视转换完成后，瑞典 99.8% 的固定常住人口将可以接收到 SVT 和 SR 的数字地面电视信号。其他 3 个转换网络将覆盖 98% 的人口，第 5 个网络将覆盖 70% 的人口。瑞典政府在数字电视网络上颁发了 40 个电视频道执照。不需要节目卡和订阅费可以收到 10 个全国性和 6 个区域性免费电视频道，其他是付费频道模拟数字电视传输。瑞典文化部的统计显示，到 2006 年初，瑞典的模拟电视已经在大约覆盖人口 25% 的地区被逐步淘汰。其他地区的模拟电视转换将在 2006 年秋天和 2007 年春天逐步被淘汰。一个特别委员会，即数字电视委员会将由政府指定来制定计划转化、规划及协调面向公众的转换政策。瑞典是欧洲第 4 个完成了数字电视转换的国家，此前完成转换的分别为卢森堡、荷兰和芬兰。

据瑞典文化部介绍，2004 年瑞典政府在数字电视网络颁发了 7 个新频道执照。所有的频道用于免费或付费电视，然而 SVT 和 TV4 的数字电视频道必须是免费的。90% 的瑞典家庭总共可以接收到针对瑞典公众的 SVT1、SVT2、Barnkanalen、Kunskapskanalen、TV4、TV3、ZTV 和 TV8 等 9 个频道的数字电视节目。电视观众需要一个数字机顶盒来收看电视。总共将有 30 个数字电视频道通过地面电视网络传输。Viasat 传播英国有限公司已经同意遵守广播电视法的规定，禁止在免费频道播放针对儿童的电视广告，这一规定也适用于 TV3、ZTV 和 TV8。①

第三节　媒介融合下的报业转型
——以挪威斯蒂伯斯蒂公司为例

与世界上大多数地区不同，北欧国家最成功的媒体也是北欧最重要的网络服务提供商。在各国十大网站排行中，媒体网站基本都能占到半壁江山。

在传统媒体的互联网战略中，最大的成功者无疑是挪威第一家也是最大的媒体公司斯蒂伯斯蒂。20 世纪 90 年代中期，在其他媒体公司对是否拥抱互联网还在犹豫观望时，斯蒂伯斯蒂公司即开始实施以互联网为中心的战略。1995 年，该公司利用其在挪威发行量最大的报纸《世界之路报》的品牌效应开办了网站 www.vg.no，该网站目前是挪威第一大网站，也是该公司的明星网站。尤为可贵的是，斯蒂伯斯蒂公司在 2000~2001 年互联网泡沫破灭后仍然坚持其互联网战略，甚至从传统媒体的营业收入中拨款给不断赔钱的互联网业务。当时，斯蒂伯斯蒂公司的行为遭到了不少欧洲同行的嘲笑，说他们是一群被北极的寒冷冻坏了脑袋的挪威人。但是，在坚持互联网战略 10 年以后，已经没有人再敢嘲笑这家公司了。在其他报业公司还在为收入下降、读者流失而发愁时，该公司的收入却增长了 28%，其中 50% 的增长来自网络。该公司约 1/4 的营业收入来自网络报业、分类广告网站和其他业务等线上活动，线上活动收入为该集团贡献了绝大多数的净利润。

到 2007 年，当其他报业公司还在为在线业务收入占比 10% 的目标而努力时，该集团的营业总额达 136 亿挪威克郎（相当于 183 亿元人民币），其中来自网络的收入占集团总收入的 40%、利润的 50%。② 该公司的线上业务包括网络报业、分类广告网站及其他。除了传统报业网站外，

---

① "New Channels in the Digital Terrestrial TV Network", *Nordic Media Policy*, No. 1, 2004.
② 周欣枫:《挪威媒体集团的数字时代经营策略》,《中国记者》2008 年第 9 期。

该公司还开办了纯粹的网络报纸 E24，该网络报纸开办 5 个月就开始盈利，网站的访问者超过了原有的 2 家金融报纸的读者。此外，该公司还自创了新闻搜索引擎 Sesam，旨在与雅虎、谷歌一较高下。其数字化转型的经验已经成了美国哈佛商学院 MBA 教学的案例。2008 年三季度，该集团的在线利润占集团总利润的 80%，比上年提高 22%。2009 年三季度，集团利润增长 52%，营业收入增长 10%，达 3.27 亿挪威克朗。其中，在线业务利润为 199 万挪威克朗，在线运营收入增长 17%，在线收入占集团总收入的 28%。更多财务数据显示，2008 年一季度至 2009 年三季度，公司在线业务收入除 2009 年一季度为一位数增长外，其他季度都保持两位数增长并保持了相当高的利润率。①

斯蒂伯斯蒂的成功，得益于以下几个方面。

一 成功打造网络媒体

斯蒂伯斯蒂旗下的网络媒体分为多种类型。第一种是依托传统报业建立的报纸网站。该公司开办报纸网站的目的并非与报纸争夺读者，而是吸引年轻读者群，特别是原来不读报的年轻人，使网站成了印刷报纸的补充。该公司在瑞典拥有的报纸网站 www.aftonbladet.se 不但是瑞典排名第一的网站，也是北欧地区最大的在线报纸网站。

公司旗下的明星网站 VG Nett（www.vg.no）是挪威访问量最大的网站，每周吸引大约 200 万名用户（接近挪威人口的一半）访问该站点。该网站注重与网络读者的互动，2004 年推出自制新闻栏目，任何人都可以将自己认为有新闻价值的事件用文字、图片或视频的形式上传到网站，这些新闻都会被放在网站的专门板块上，由网站工作人员对内容真实性进行核实，同时通过其他网络读者进行监督。该网站还开办了博客"读者的 VG"，让报纸读者在网站上建立博客，表达意见，通过读者与报纸、网络的交互活动提升报纸及其网络的影响。

从净利润看，VG Nett 是挣钱的网站，2008 年利润率达 33.4%。和其他报纸网站一样，VG Nett 的主要收入也来自广告，用户可以免费浏览 VG

---

① 郑蔚雯：《施伯史泰德集团的在线新媒体战略》，《中国记者》2010 年第 2 期。

Nett 的新闻，但其网页主要位置的横幅广告 24 小时报价为 21 万挪威克朗（约合 3.4 万美元），比同名报纸的整版全彩广告的价格还高。除广告收入外，VG Nett 还开始从用户身上获得部分收入：大约 15 万名网站用户每年支付 90 美元参加它组织的一个减肥俱乐部；自 2009 年起该网站还开始向实况直播的足球赛收取一年约 117 美元的年费。

为更好吸引年轻读者，VG Nett 于 2006 年创办了一个可以使用绰号的社交网络 Nettby，在挪威能与 Facebook 抗衡，有时甚至能吸引比 Facebook 更多的用户。该社交网络的用户已接近 75 万人。

第二种是新闻搜索网站。2005 年 11 月 1 日，斯蒂伯斯蒂与挪威一家数据搜索技术公司 Fast Search & Transfer 合作，自创了新闻搜索引擎 Sesam，用户可以搜索公司旗下媒体自 1983 年以来所有出版的文章。Sesam 网站协助公司旗下的媒体网络获得、留住了更多访客，并巩固了流量优势。到 2007 年，Sesam 已名列挪威最受欢迎的 12 大网站之一。2008 年，Sesam 开始调整战略，把重点转向黄页和地图搜索服务。

第三种是纯网络报纸站点。除报纸站点外，斯蒂伯斯蒂还在网上开办了专门的网络报纸。欧洲最大的经济类报纸 E24 就是如此。该网络报纸拥有挪威语和瑞典语两个版本。自 2008 年金融危机以来，读者对财经和商业信息兴趣增强，E24 比以前吸引了更多读者，读者访问量也在持续增加。

第四种是专门性网站。2008 年 1 月，斯蒂伯斯蒂将旗下 5 份挪威主要报纸的内容整合在一起，提供了一个丰富的关于食品和饮料的网站 Dinmat.no，该网站目前是挪威最好的在线饮食信息提供者。该网站充分发掘集团下属报纸拥有的食物存档资料，包括大量菜谱和报纸上发表过的饮食类特别报道等，不但内容丰富，还增加了不少社区特色，如该网站提供大量的视频内容，通过播放烹饪技巧视频，安排每周菜谱，编写购物清单发送至用户手机等有趣和实用的内容来吸引访客。

二　相互链接控制流量

美国许多报纸网站认为，谷歌、雅虎这样的入口网站可以形成新闻的聚合效应，是报纸的朋友。斯蒂伯斯蒂公司却认为，美国报纸面临的最大的问题是他们无法控制自己的页面流量。在网上赚钱的秘密就是不要依赖谷歌和雅虎这样的新闻聚合网站。如果访问者从搜索引擎链接过来然后离开的话，他们来得快，去得也快，会产生"谷歌效应"，也就是用户只看一页网站内容，却不愿意停留。在这种商业模式下，广告商会选择把钱付给谷歌，因为消费者在谷歌待的时间更长。因此，斯蒂伯斯蒂公司致力于改变用户的这一习惯。如 VG 和 Aftonvladet 网站 3/4 的访问量是从自己的主页进入，只有 1/4 的访问量来自其他网站。

三 争夺网上分类广告

有研究发现，网上分类广告大约能为公司提供相当于印刷媒体 30% 的收入，利润率却达 65%。斯蒂伯斯蒂公司的管理层在 20 世纪 90 年代中期就认识到，网络是分类广告的绝佳载体，二者是共生的。因此，该公司在挪威创办了付费分类广告网站 FINN. no（挪威语的意思是搜索并发现），将其从母公司旗下的强势报纸品牌《晚邮报》中拆分出来，并直接与之竞争。创办该网站的初衷是希望该网站成为专业的汽车和房产分类广告网站。1998 年或 1999 年的时候，该网站从无到有开始建立，依靠斯蒂伯斯蒂旗下报纸尤其是各个地方报纸良好的广告基础，且该网站界面友好、用户体验良好，很快就吸引了大量的广告主，不仅成为汽车分类广告方面的主导网站，而且在求职和房地产广告方面也表现较好，很快成为各种分类广告的综合性网站。

除了创办新的广告网站外，斯蒂伯斯蒂公司还直接收购现有网站。FINN. no 在挪威取得成功后，公司试图将其复制到瑞典，于是创办了 FINN. se，但当时瑞典已经有一个类似的网站 Blocket。虽然 FINN. se 在瑞典也在增长，但 Blocket 的速度更快，于是，斯蒂伯斯蒂公司决定将后者收入囊中。当时 Blocket 的年收入大约为 400 万欧元，斯蒂伯斯蒂公司花 1800 万欧元收购该网站时很多人认为是疯狂之举。事实证明，这一收购是成功的，该网站目前的年收入大约为 7000 万欧元，毛利率达 50%～55%。[1]

---

[1] "8 lessons in how to disrupt yourself from Schibsted", http://www.whiteboardmag.com/8-lessons-in-how-to-disrupt-yourself-from-schibsted/.

虽然这两个分类广告站点的运作理念和方式完全不同，但都获得了成功。

2006年斯蒂伯斯蒂收购了分类广告网站Trader，在线分类广告占斯蒂伯斯蒂营业收入的很大份额。2008年，公司组建了分类媒体公司（SCM），整合挪威以外的20多个国家的在线分类广告业务。公司旗下除综合分类广告网站外，还有专业招聘网站、汽车分类广告网站、房地产交易网站、购物比价网站、旅游服务网站、电话黄页和向企业提供电话号码、地址等个人数据的各个行业和类型的分类网站。2008年，公司20%的收入来自这些专业在线分类广告网站。2009年三季度，分类媒体公司的营业利润为6700万挪威克朗。

斯蒂伯斯蒂旗下的几家分类广告站点的成绩都还不错：Le Bon Coin在法国排名第5，仅次于谷歌、谷歌法国、YouTube和Facebook；Blocket在瑞典排名第8；FINN.no在挪威排名第5。

四　视频的"CNN效应"

斯蒂伯斯蒂很早就开始利用其网站制作和发布视频内容，但直到2006年才在视频内容和观众数量上获得巨大增长。公司将其主要归因于宽带渗透率的增加以及公司开始掌握了网上视频的使用规律。

该公司的制作人员发现，制作传统的新闻片段不吸引人。因此，网络视频要根据不同用户的需要向其提供差异化的视频服务。以该公司旗下的明星站点VG Nett的视频为例，网络视频服务分为三个层次的链接。

第一层的用户在首页，由于此时用户的注意力是短暂的，他们需要了解的仅仅是新闻提要，知道发生了什么事情。这一层的视频一般长度是5~15秒，以快速、简短的新闻故事片段告知新闻事件即可。第二层的用户是那些有兴趣对新闻进行点击以了解详情但耐心不足的用户。研究者发现，一旦用户点击了视频来观看更多的内容，他们是愿意花几分钟等待缓冲和播放的，但如果等待时间过长，他们也就失去了兴趣。第三层的用户才是那些对视频新闻真正有兴趣并愿意看完完整采访的人。这一层要针对那些真正有兴趣了解整个主题并观看整个访问的人。

当然，在提供视频方面，技术非常重要。更高的比特率转换为更大的屏幕尺寸、更好的视频质量和更清晰的音频。据介绍，VG Nett需要确保视频的比特率不超过用户全部带宽的 70%~80%。例如，如果用户的宽带接入允许每秒钟的下载为 768Kbps，视频的编码比特率不应该超过 600Kbps。在第二层和第三层，比特率增高，视频的长度增加并且一系列相关的片段可以得到使用。

除了提供深度内容，斯蒂伯斯蒂还在播发突发事件视频方面和电视展开竞争。VG Nett 雇用了资深新闻记者，给他们提供和路透社记者一样的手机，这样在前方采访的记者能够将视频用邮件发给网站，网站编辑人员在几秒钟之内便能将其发到网上，以在新闻竞争中超越电视记者。该网站负责人认为，对于网络用户来说，速度比质量更重要，在读者的关注度最高的时候把活动画面发给他们就能将读者真正留下来。

由此可见，立足于报业的外部环境，顺应媒体受众群的偏好和习惯，不囿于常规，敢于突破创新，是保证当今媒体生存和发展的不二法门。①

---

① 郑蔚雯:《施伯史泰德集团的在线新媒体战略》,《中国记者》2010 年第 2 期, 第 95 页。

第五章　规范化的媒介监管及媒介自律

北欧国家传媒业尤其是报业的发展与其高度的新闻自由的传统密不可分，其以"立法为保障，机构为监督，道德为自律"的新闻监管机制也是世界上最为先进的新闻监管机制之一。政府监管、国家干预与媒介自律的有机结合，为媒介业的健康良性发展奠定了基础，也使媒介在国家发展中的作用更为积极有效。

第一节　对媒介的国家干预

在对媒介国家干预的途径中，报业补贴是最重要的一种。北欧国家多数将"补贴"看作一种对本国媒介的支持战略，就是国家通过行使资金方面的资助直接或间接地支持本国或本地区实现政治和社会目标。

我们在前文已经讲述过北欧国家报业补贴的历史背景及现状，此处就不再赘述。

一　媒介所有权

对媒介实施国家干预的另一种方式是对媒介所有权进行限制。由于媒介垄断可能对言论自由产生威胁，许多国家都对媒体的兼并收购或纵向整合提出一些限制。20世纪90年代以后，北欧国家媒体间的兼并收购十分频繁，各国对媒介所有权的限定也逐渐提上议事日程。但大多数北欧国家都是有限制而没有专门的媒体反垄断法或媒介所有权法进行法律规制。如在丹麦，就是由竞争管理局（Danish Competition Authority）监管公共及商业媒体，以防止垄断局面的出现。芬兰虽然有专门的媒介法规，但并未涉及媒介所有权的内容。挪威是北欧国家中唯一一个，也是世界上为数不多的颁布了《媒介所有权法》的国家。

在北欧国家中，挪威和冰岛都试图从法律层面对媒介所有权予以规范，但二者的情况又有所不同。挪威的《媒介所有权法》虽然也有争议，但终归是以法律的形式限制媒介所有权的集中，以保持国内媒介多样化和言论自由。冰岛政府也试图通过专门性法律来规范媒介所有权，但未获成功，只能对获得广播执照的公司予以要求。

（一）挪威

在大多数挪威人看来，自由、独立、多样化的媒体是一个民主制度可持续发展的先决条件。因此，要以多元化的媒体保证民主和文化的发展；要确保那些能够满足社会各阶层需要的媒体有持续发展的经济基础；要确保地方媒体与主流媒体的互补，即确保地方媒体的生存和发展；要确保媒介所有权的多元化。国家的责任就是创造能让公众进行公开辩论的条件。

挪威媒介所有权集中的现象自第二次世界大战结束后开始显现，至20世纪80年代初，挪威的多数报纸分属不同的老板，广播电视则通过挪威广播公司实行国家垄断。

20世纪80年代中期，受西欧国家解除管制风潮的影响，挪威开始允许私营广播电视媒体出现，一些私营多媒体集团应运而生。尽管全国性的私营广播电台和私营电视台同时需要承担一部分公共责任，但私营广播电视从业者可以从广告市场中获得收入或接受赞助，对公共广播电视形成了一定的挑战。传统报业连锁或媒介集团也开始应运而生，如已经成为世界著名媒介集团的斯蒂伯斯蒂等，在媒体市场上的地位日益凸显。

由于历史和文化的接近性等原因，20世纪90年代中叶开始，媒体所有权问题逐渐成为媒体政策制定的重要问题。在挪威、芬兰、瑞典和丹麦等国家，本国媒体之间、本国与外国同类媒体间的兼并重组十分普遍。丹麦媒体公司艾格蒙特和阿勒尔、瑞典公司金尼维克和波尼尔都是挪威媒体的主要所有者。艾达传媒和斯堪的纳维亚广播公司（德国广播电视集团ProSiebenSat.1 旗下公司）则是挪威境内主要的境外资本力量。

为防止媒介的过度集中而对表达自由造成损害，挪威议会1998年通过了《媒介所有权法》,于1999年1月1日开始实施,并成立了专门的管理机构媒体所有权管理局(Eierskapstilsynet)来督促其实施。[①] 该法防止媒体所有权过度集中,其主要监管的对象是在全国媒体市场上占有1/3市场份额的媒体机构。该法律的目的在于确保言论自由,确保报业和广播电视业维护表达自由和言论多元化的媒介格局。挪威媒介所有权管理局可以叫停一家具有领导地位的广播公司购买另一家公司股份的行动,无论是单独购买还是和其他公司合作。

由于《媒介所有权法》颁布以后受到各方的批评,挪威议会于2004年对其进行了修订,修订版自2005年1月1日起实施。

《媒介所有权法》第五条和第六条规定:挪威的媒介所有权监管部门为挪威媒介管理局。国王不得对法案的实施提出指令和对个案的实施下达命令。依据法案,媒介管理局做出的决策国王不能推翻。

《媒介所有权法》的第七条和第九条分别对挪威媒介管理局的监管职责和监管步骤做了明确规定。

其中"第七章 监督监管组织的责任"规定媒介管理局负责法案的持续监督管理,具体包括以下几点:①监督管理在报纸、电视、广播和电子媒体领域的市场情况和所有权;②致力于创造开放性更强的挪威媒体所有权,努力提高公众对挪威媒体所有权的认识;③依照第九章做出决策;④每年,媒体所有权当局都要准备一份有关法案实施具体情况的年度报告书,该报告将于第二年的3月底提交给政府。

"第九章 对所有者权益取得的干涉"规定:如果所属企业业务在报纸,电视或无线广播范围内的个人单独获得所有者权益,或者与其他在国家或地区媒体市场中有重要所有权地位的团体共同取得所有者权益,并且在与法案第一章的总则相违背的情况下,媒介管理局可以干预其所有者权益的取得。媒介管理局干预的具体内容为:①阻止收购;②命令剥夺已取得的所有者权益,并在需要时下达命令以确保剥夺权益之命令已执行;③对于能够阻止与法案第一章规定相违背的所有权的取得,将予以批准。当有足够的合理法律基础显示媒介管理局认为有必要执行延后的干预决定

---

① 该机构已并入挪威媒介管理局(Medietilsynet)。

时，媒介管理局可以采用临时禁令或者采取其他措施。在依据上述第一段采取干预措施之前，媒介管理局应努力试图与收购者或即将采取干涉措施的一方达成友好的共识。媒介管理局可以在所有者权益获得达成最后协议之后的6个月内提出干预的决定。但如遇特殊需要考虑的事项，此期限可延长到一年。

（二）冰岛

除挪威外，冰岛也是对媒介所有权进行规制的国家。尽管媒体的高度整合在冰岛引发了激烈讨论和政治动荡，但冰岛并没有对媒介所有权进行规范的法律。

2003年，冰岛政府意识到了媒介所有权集中的种种负面影响，意欲对媒介所有权进行严格控制，敦促议会通过了主要关涉媒体所有权集中问题的专门的媒体法案。国会以微弱多数通过了这项议案，但因该法案具有争议性，被人认为直指某一特定的媒体公司。于是，总统利用他的否决权在2004年4月要求政府撤销了这项法案，使其未能成为法律。后来，该事务移交给政党委员会，各政党达成一致意见并发布建议性报告，为媒介法案的制定提供参考意见。

该议案提出了四个获得新广播执照的条件，都对所有权进行了严格限制。如果一家公司符合以下条件将无法获得广播牌照：

＊该公司的主要业务在媒介领域之外；

＊该公司超过5%的股份属于一家在另一业务领域居主导地位的公司或企业集团，这不适用于年收入在280万欧元以内的公司或企业集团；

＊另一家公司拥有该公司35%以上的股份，这适用于同期企业集团拥有的市场份额超过35%的情况；

＊该公司拥有一家报社或在报社拥有股份，或者一家报社部分或全部拥有该公司。

二 广告管理

在公共广播电视机构是否可以播出广告的问题上，北欧几国的态度也有所不同。由于芬兰在电视诞生之初就实行双轨制，商业频道MTV（1993年后改称MTV3）在芬兰广播公司的两个电视频道上以"窗口"形式播出节目和广告,其他国家的公共电视频道则禁止播出广告,仅允许在某些重大体育赛事播出时接受赞助,且限制颇多。

20世纪90年代,互联网等新媒体兴起后,北欧国家的公共广播电视公司迅速跟进,目前几国公共广播电视公司的网站都在该国互联网点击率排行中名列前茅,但对于是否允许公共广播公司在新媒体业务中播出广告,各国的规范并不相同。

目前挪威是唯一允许其公共广播电视公司在图文电视、网站和移动电视等新媒体上播出广告的国家。挪威广播公司NRK不仅在其网站上播出广告,还成立了一个公司专门负责新媒体的广告业务。

第二节 媒介管理制度与法规

一 管理法规

(一)丹麦

在丹麦,新闻自由得到法律保障。丹麦宪法第77条明确规定:任何人都有权利通过出版、写作、演讲来表达他们的思想,即便他们被要求在法庭上进行答辩。丹麦在1851年通过了第一部新闻法,直到1938年,一部更新的法律取代了旧的新闻法,并一直实施到1992年。

丹麦对报业的管理采用一般性的新闻自由和宪法权利的规范。对广播电视和电子媒介的管理则更加细致和规范,国会每隔四年会有新的媒介协定。对于广播电视从业者是否遵守了广播电视法规以及是否履行了与国会签订的媒介协定的相关义务,有专门的独立机构广播电视委员会(Radio and Television Board,简称RTB)进行监督和管理。

丹麦没有针对媒介集中的反垄断法,但丹麦竞争局也监督公共和私营媒体防止垄断的产生。目前的管理框架没有专门的条款限定一个人所能拥有的媒介产业的数量。政府对报业的资助是免除增值税和降低邮政发行税率,每年大约为1.6亿欧元。非商业性电台和电视台从1997年开始获得补贴。

(二)芬兰

芬兰是北欧国家中唯一有专门的媒介法律的国家。芬兰针对多种媒介的法律框架近年来发生了很大变化。2004年,《大众媒介表达自由法》(The Act on the Exercise of Freedom of Expression in Mass Media)颁布,在之前的《媒介自由法》以及《广播电视媒体责任法》的基础上修改产生的这项新法律负责对所有媒介进行管理,旨在提升芬兰媒介的生产力和竞争力。由于芬兰是欧盟成员国,欧盟的《广播电视无国界法案》的管理框架同样适用于芬兰。

芬兰广播公司的运营受《芬兰广播公司法》的规制。该法律规定,芬兰广播公司是由芬兰议会整合的公共广播公司,有责任"通过提供各类信息、观点和机会支持民主,与普通民众互动,为他们提供参与的机会",并且有责任"制作、创造并发展芬兰文化、艺术";芬兰广播公司要提供教育学习类节目、儿童类节目以及宗教类节目;必须倡导文化多样性,为少数民族及特殊群体提供电视节目;必须用芬兰语和瑞典语两种官方语言播出节目,同时必须提供萨米语、吉卜赛语以及手语服务;必须播出海外节目。在特殊情况下,芬兰广播公司还负责播出官方公告。法律同时规定,芬兰广播公司不能在其广播电视以及网络平台上播放广告,也不能播放赞助节目。

芬兰于1998年通过的《广播电视活动法》(The Act on Radio and Television Activities),对电视节目的类型配额进行了规定,同时芬兰电视节目也要遵守欧洲法案的规定。该法规定,芬兰的电视台要播出15%的独立制作节目,这些节目必须是在5年之内制作完成的。由于法律规定了独立制作节目的份额,电视成为本土剧情电影和独立电视制作人发展的重要市场平台。商业广播方面,则规定了本土商业广播每日的新闻和时事节目的数量。例如,ROVA电台每个工作日从早上6点到下午6点,要播出不少于两个小时、平均30%的新闻和时事类内容。该法案还规定,申请地面电视执照者需要具有一定的清偿能力,但负责颁发地面电视执照的管理机构Ficora有时也会发放一种短期执照,持有这种短期执照的电视运营商可以连续3个月、每周播出不超过8小时的电视内容。

根据2002年颁布的《电信市场法》(Telecommunications Market Act),所有的有线电视运营商"必须传送"(must-carry)芬兰广播公司所有的电视频道和广播频率以及其他可以免费获得的附加服务。

芬兰没有针对媒介集中的反垄断法。根据《广播电视运营法》第10条的规定，"颁发执照的部门需要从整体考虑电视和广播的区域，着眼于促进表达自由和捍卫节目的多样性以及满足特殊公共群体的需求"。芬兰的相关法律也没有关于交叉媒介所有权和境外媒体所有权的限制。

值得一提的是，芬兰的《国家视听档案法》（2007）规定：广播电视节目必须保留播出档案。人们可以从芬兰档案馆、赫尔辛基大学图书馆、议会图书馆以及坦佩雷大学图书馆获取广播电视节目数据库信息。芬兰的这一视听节目的保存系统（KAVA）为电子媒体研究提供了很好的资源，不必受到广播电视节目易损耗、难保存的影响。

（三）冰岛

冰岛宪法保证言论自由，禁止各种形式的检查制度，但没有专门的媒介法，媒体受到各种一般性立法的约束。冰岛关于媒体的法律规制主要是依据5项不同的法案，包括冰岛宪法中涉及言论自由和保护隐私的条款、《出版法》（57/1956）、《广播电视法》（53/2000）、《通信法》（81/2003）以及《竞争法》（44/2005）。同时，《诽谤法》等法律也会对媒体的运营产生影响。

根据1956年颁布的《出版法》，作者负责其出版材料。如果没有确定的作者，责任由出版商承担。根据法律，广播电视从业者和出版商需要对错误进行更正。如果他们没有更正，可由法院强制执行。

教育、科学和文化部根据2000年颁布的《广播电视法》（Broadcasting Act No. 53/2000）对冰岛的广播电视业进行管理。按照法律，冰岛广播公司必须承担文化功能方面的义务。除了向冰岛人提供无偏见的新闻节目和吸引各个年龄层次的文化节目外，冰岛广播公司的传输服务必须覆盖全国，而且要提供短波服务。冰岛广播公司的经济来源为视听费和赞助费等。2006年春，冰岛教育、科学和文化部提出一项议案，要求对冰岛广播公司进行改革。其中最大的变化在于以人头费取代视听费，使冰岛广播公司成了一个百分之百国有的法人公司。

2004年，一项主要关涉媒体所有权的媒介法案在国会以微弱多数票获得通过后被总统否决。2009～2010年，冰岛教育、科学和文化部再度向议会提交了媒体法的提案申请，申请内容主要包括媒介法案引入欧盟规定，对进入冰岛媒体市场的视听媒体设立准入门槛；针对所有媒体设置统一的法律框架；统一协调不同媒体的责任；引入规则保证所有权的透明性；保护编辑独立权和信息来源；引入电子发布系统等。但该法案回避了原来引发争议的媒介所有权问题，也未涉及冰岛政府是否需要为媒介业提供经济支持或刺激奖励等内容。

值得关注的是，2010年6月16日，冰岛议会通过一项名为《冰岛现代媒体倡议》的公告，该公告称，由于保护网络服务运营商、丑闻揭发者和信息来源，并拥有现代化的信息自由法案，冰岛表明其是世界上支持言论自由的佼佼者。

（四）挪威

从传统上讲，挪威没有单一、完整的媒介法律规制，但有一系列的相关法律。关于新闻自由的内容早在1814年的挪威宪法中就开始出现。2004年，挪威议会修订宪法，进一步加强对言论自由的保护，将"新闻自由"更改为"表达自由"，并督促政府推动媒体和公众舆论的多样性。宪法第100条指出，应有出版自由。任何人不得因写作而受到处罚，除非他故意或明显煽动他人违反法律；人人都有坦率地谈论国家管理或其他问题的自由。除儿童电影以外，挪威禁止对出版发行内容进行事前审核。

挪威的其他媒介相关法律包括《广播电视法》《电影和视频法》《媒介所有权法》《电信法》《编辑自由法》等。其中《电影和视频法》（The Film and Videogram Act）的部分内容可以追溯到1913年，2006年对其进行了修改；根据1931年对其颁布的《广播法》（The Broadcasting Act），挪威政府决定建立公共广播机构——挪威广播公司，该法后经多次修改，最近一次修改在2005年；20世纪70年代，挪威通过了《信息自由法》，该法成为挪威新闻工作者调查的重要工具，该法于2008年6月修改；1997年，挪威通过了《媒介所有权法》，并在2004年对其进行了修改，该法规定单一媒介（电视、广播和报纸）的所有权上限为33%，该法令在媒介并购过程中起到重要作用；2004年公布的《电信法》对移动服务和互联网的发展非常重要。总体而言，挪威对网络的监管规制较少。

2008年4月，挪威通过了《编辑自由法》，用以保护自由和独立媒介，迈出了形成一个关于媒介责任更加综合性的法律的第一步。挪威编辑协会和挪威媒介产业协会在其提交给文化和宗教事务部的声明中表达了他们对于独立法案的支持。同时他们指出，由于媒介规范碎片化的天性，该法案还不够，需要提出一个综合性的媒介责任法。规制则包括监督和自律，同时将高层次的政府干预与低层次的市场化相结合。

挪威没有关于媒介伦理的法规。从1936年开始，报业一直通过建立新闻申诉委员会来维持一定的道德水平。1996年后，针对广播电视的申诉也由该委员会处理，这一情况一直持续到1998年夏新的广播电视法出台。新闻申诉委员会根据挪威新闻工作者协会的道德守则召开听证会处理相关申诉。挪威报业从传统上讲通过两个途径进行自律：一个是《印刷媒介、广播、电视伦理章程》，另一个是挪威新闻工作者协会于1936年采用的《道德规范》，并在2007年对其进行了修订。

在广告管理方面，在挪威禁止播出烟酒广告、不符合男女平等的广告以及某些药品的广告。此外，1992年广播法限定了广告播出的数量，并且禁止播出直接针对儿童的广告。

挪威除了这些与媒介相关的法律外，还有一系列的法律也与媒介有着直接或间接的关系。其中包括1993年颁布、2004年修订的《竞争法案》，1972年颁布、2005年修订的《市场营销法案》，1961年制定、1999年修订的《知识产权法》和1978年制定、2001年修订的《个人资料法》等。

（五）瑞典

早在1776年，瑞典就制定了《新闻出版自由法》。目前瑞典宪法的4个组成部分中，《新闻自由法》（The Freedom of the Press Act）和《表达自由法》（Fundamental Law on Freedom of Expression）占两个。这些法律规定报刊、电台、电视台拥有最大限度的自由。

尽管瑞典对报业的管理法规较少，主要依靠报业组织的自律，但对广播电视业的管理则相对严格和规范。

广播业诞生以后的30多年，瑞典的广播业一直由《电信法》以及被指定垄断者和国家之间的授权协议规范。1956年的《广播法》为全国性广播从业者明确了权利和义务。该协议包括并仍然包括一些额外的契约式要求。随着国家公共广播机构以外的新的广播从业者的出现，相应的法律也开始出现：1979年的非商业性社区广播法，1986年的有线电视法，

1993年的商业地方广播法以及1993年的卫星电视法等，所有这些单独的法律都在1996年融入了新的《广播法》（*Radio Act*）。

1996年《广播法》规定了全国性地面广播的基本框架，由政府给每个广播业者颁发运营执照并要求其满足各种需求及提供公正的信息服务。广播委员会被授权处理某些特殊节目在播出后引发的公众抱怨。广播委员会由政府指定。关于社区广播和商业地方广播的规章没有专门对节目内容的要求。现在社区电台可以获得广告支持，但仍然禁止网络化。商业地方电台可以网络化，但执照所有者必须是自治的，且不可以拥有一个以上的执照。报社不可以控制一家电台。实际上，90%以上的商业电台已整合为4个全国性网络。此外，《广播法》对建立和运营一个有线网络及其传输的内容是没有限制的，但是有两个要求：①必须传输全国性频道和地方公共接近频道；②从有线电视发家的广播从业者在广告方面同样适用《广播法》。卫星电视遵守与有线电视一样的原则：从瑞典卫星传输的广播面向瑞典受众的，需要遵守广播法的规定，从欧洲其他国家传送的广播则遵守欧盟的规定，比瑞典的规定限制要少。

在媒介所有权方面，瑞典的限制很少。在现行的《瑞典竞争法》下，没有对媒介集中的特殊限制，涉及一个以上媒介企业的兼并将采用该法第34条规定的与其他企业一样的衡量集中度的标准和方法。瑞典也没有对广播电视和印刷媒体外国媒介所有权进行限制的法规。无论如何，瑞典宪法对瑞典公民言论自由的广泛保护并不延伸到外国公民。瑞典对交叉媒介所有权的限制在申请执照时有所规定。总体而言，地方商业电台的所有者和社区广播执照所有者不能交叉拥有媒介。此外，瑞典广播和电视管理局可以决定不给已经获得地方商业广播执照的申请者以社区广播的交叉所有权。

二　管理机构

（一）丹麦

丹麦的全国性媒介管理机构有三个，文化部（Ministry of Culture）负责电子媒介，但对电子媒介的管理和监督由独立的广播电视委员会负责。

广播电视委员会负责监督各种丹麦广播电视法规的实施情况，具体包括：向私营全国性和地方性广播电视业者颁发执照（丹麦广播公司不需要申请）；监督私营和公共广播电视业者是否完成了其法定义务；分配给予地方非商业电台电视台的补助金；进行广播电视条例的日常管理；筹备广播电视委员会的决定和执行决定；协助文化部处理有关广播电视事务的是丹麦的国家知识中心，目的是造福公共机构、媒介公司、科研和一般公众。

频率规划和分配的经营执照由科学、技术和创新部（Ministry of Science, Technology and Innovation）下属的信息和通信局（National IT and Telecom Agency）负责。

丹麦没有专门的报业补贴制度，但对报业免除增值税和减免发行费用，从1997年开始向非商业性广播电视机构发放补贴。

根据《丹麦媒介责任法》的要求成立了专门的报业评议委员会（The Press Council），作为一个独立的公共审理委员会来处理针对印刷媒体和广播电视媒体的投诉。

（二）芬兰

芬兰的媒介管理由交通和信息部（Ministry of Transport and Communications）以及全国性监管机构芬兰传播规制局（Finland Communications Regulatory Authority，简称FICORA）共同管理。

交通和信息部负责发放广播电视执照。芬兰传播规制局负责芬兰电子传播和信息社会服务的管理，其职责包括：在全国范围内发布技术规范和协调标准；确保良性的竞争和广播电视从业者依法定价和运营；管理电视和广播节目以确保其符合欧洲关于节目、广告和赞助的法定要求，其处理结果可提交至最高法院；处理每月由电视从业者上缴的视听费，超过一定数额后上缴给国家电视和广播基金会；监督因违反《电视和广播运营法》而引发的投诉，如播出节目的时间不符合欧洲作品和独立制作人节目播出时间的要求以及在儿童收看电视的时间播出有性或暴力的节目等；管理广告和电话购物以及对赞助性节目的管理和限定；禁止对新闻和时事节目进行赞助。此外，还监督广播频率的使用。

芬兰广播公司每年要向芬兰传播规制局和国务院递交年度报告。

在芬兰，除政府管理机构外，还有一些媒介自律机构，如出版商、记者及其组织成立的自律组织大众媒介委员会（Council for Mass Media），负责处理媒介内容及大众媒介相应的自由；对互联网上的有害信息的监测目前由大众媒介委员会、芬兰信息处理协会伦理咨询委员会、广告伦理委员会和消费者监督员共同负责。

（三）冰岛

冰岛媒介业由教育、科学与文化部负责管理。

冰岛广播公司除受教育、科学与文化部管理外，还受广播委员会（Útvarpsréttarnefnd）的监督。广播委员会的职责是决定和监督国家广播电台和电视台的节目政策，并监督其恪守公正、客观的立场。2000年《广播法》加强了广播委员会的作用，该委员会除颁发执照和处理投诉外，还负责监督公共和私营广播电视机构遵循 EEA 的相关规定。为强调其独立性，该委员会具有最终决定权，但其决定可以受到法庭质疑。该委员会的7名成员由议会选举产生，名额按比例在各政党之间分配。每4年议会改选后，广播委员会的委员也要重新遴选。委员会主席和副主席原来由教育、科学与文化部部长指定，后改为由委员会成员选举产生。

冰岛记者协会（Union of Icelandic Journalists）有一个伦理委员会负责处理公民对媒体的投诉。即使被投诉的记者不是该协会成员，它也接受投诉。由5名成员组成的投诉委员会裁决记者或出版物是否违反了伦理准则的规定，但其裁决不具有约束力，其裁决结果在其网站和杂志上刊登。对冰岛广播公司的投诉须提交给冰岛广播公司的管理委员会。

（四）挪威

挪威媒介管理最高机构是文化和宗教事务部（Kultu-og kirkedepartementet），负责文化政策、宗教事务以及媒体和体育相关的其他事务。该部创立于1982年，当时叫文化和科学事务部，后多次改名，对挪威国会（Storting）负责。

皇家挪威文化和宗教事务部下属的挪威媒介管理局（Medietilsynet）和挪威电信管理局（Post og teletilsynet）分别负责对内容和频率的监管。其中媒介管理局成立于2005年1月1日，由原来的挪威电影分级委员会（Statens filmtilsyn，负责对挪威电影的分级）、挪威媒介所有权局

（Eierskapstilsynet，负责对媒介所有权进行监督）和大众媒介局（Statens medieforvaltning，处理广播电视和报纸相关事务）合并而成。

媒介管理局的工作包括：给电影分级；监督广播电视机构执行关于内容、广告和赞助的有关规定，处理地方广播电视执照申请；处理报纸补贴申请，包括次级报纸、少数民族语言报纸和萨米语报纸；监督和干预媒介所有权的收购（禁止并购或者允许有条件收购）等。目前挪威除了儿童影片，其他的电影均免除事前检查，对网络的管理几乎没有专门性的法规。

除政府机构外，挪威还有一些重要的媒介组织机构。在挪威，所有的报纸都是挪威报纸出版人协会的成员，大多数记者是挪威记者协会的成员，编辑属于挪威编辑协会。以上这些组织都是挪威新闻工作者协会（Norwegian Press Association）的分支机构。

报业委员会在挪威是一个非常重要的机构，负责监督媒介伦理道德问题。早在1936年该组织就通过了《挪威新闻道德守则》（该守则后经多次修改，目前采用的是2005年修改版），负责监督挪威所有的媒介。除此之外，一些媒体自己也有处理投诉的规定和方法，如建立读者督察员等。

（五）瑞典

瑞典的媒介管理有着悠久的传统，其中最古老的部分可以追溯到1766年，当年第一次出现了信息自由法。此后，表达自由和信息自由根植于瑞典宪法，因而比其他一般法律更有强大的保证。所有的大众传媒享有无审查制度（唯一的例外是电影，需要由国家电影委员会批准）、保护信息来源以及关于表达自由的法庭案件的特殊法律程序等。

瑞典在第二次世界大战后经历了报纸数量的迅速减少，20世纪70年代开始引入报业资助制度以保持报业的多元化。工党政府多年来致力于以立法的形式来限制报业集中，但没有成功。宪法对报业给予了强大的保护。

在瑞典只有使用公共电波的广播电视媒介需要遵守《广播电视法》。有两种执照：一种是由政府颁发给公共广播电视机构和TV4的全国性地面广播电视执照；另一种是瑞典广播电视局颁发给地方商业和非商业电台的执照。作为获得广播电视执照的交换，地面广播电视业者必须由广播电视局和广电投诉委员会负责管理。面向大众的卫星电视和有线电视不需要申请执照。

对于获得执照的广播电视从业者有广告数量以及如何插入的限制。公共广播电视业者不得出售广告，但瑞典电视台 SVT 可以在某些体育赛事转播中接受赞助。所有的电视观众和广播听众都可以向广电投诉委员会提出申诉。公共广播电视机构和 TV4 应当遵守的规范在他们获得执照时与政府签订的协议中有明确的规定。

瑞典政府和国会从 20 世纪 50 年代中期开始一直尊重公共服务频道节目和编辑方针的完整性和自主性。市场竞争的结果是公共广播电视的角色需要更加清晰和明确。

瑞典于 1995 年加入欧盟，其所有的国家法规都需要与欧盟保持一致。媒介管理同样需要在欧盟议程下。然而，在某些领域，瑞典对国内广播电视从业者的政策仍然有着不同的特点。其中一个例子是公共广播从业者不允许播出广告而且禁止其在网站上开展商业行为。国内地面电视台 TV4 允许播出广告的数量（10%）低于欧盟允许卫星电视频道播出广告的数量（15%）。

在瑞典，文化事务部（Kulturdepartementet）负责媒介政策，工业、就业和传播部负责竞争政策和广播及电信业务。

在瑞典，广播电视部分的监管机构除了瑞典广播电视委员会（Granskningsnämnden för radio och TV）外，还有广播电视局（Radio och TV-verket），前者负责广播电视内容的某些方面，后者则监管其在申请广播电视执照时所做承诺的完成情况。依照 1996 年《瑞典广播电视法》第 2 章第 2 节的要求，广播电视局负责给社区广播和地方广播颁发执照，全国性的广播电视执照则由政府颁发。广播电视局在给地方和社区广播电视从业者颁发执照时需要考虑以下几个方面的因素：任何已经获得了一个地方或数字声音广播电视执照的人不得申请新的社区执照；在任何特定传播区域，任何人不得获得一个以上的地方广播执照。通过这种方式，监管者尽力划清地方商业广播运营者和作为地方公民喉舌的社区广播之间的界限。广播电视局还会考虑其他相关标准。

除政府机构外，瑞典的媒介自律组织在世界上非常有名，瑞典报业评议会、瑞典新闻界合作理事会及瑞典新闻工作者委员会等共同承担媒介自律的责任。瑞典是世界上实行新闻自律最早的国家，1874年，瑞典时事评论家俱乐部（publicistklubben）成立，主要负责建立报业的职业标准，维护新闻业的尊严和责任，以避免内部腐化或遭受外界攻击。为适应目前广电媒介与报刊业共同发展的情况，瑞典还设有瑞典新闻界合作理事会。此外，反对隐性广告的职责，由一个反对隐性广告委员会负责监督实施；新闻职业准则，由瑞典新闻工作者公会委员会任命的一个专门委员会负责监督实施。

第三节 制度化的新闻自律

新闻自律（journalist's self-restraint）是新闻工作者及新闻媒介机构对所从事的信息传播活动按照一定的道德标准进行自我限制或自我约束的一种行为。新闻自律作为新闻行业管理的重要手段之一，其核心内容就是要确立和实施新闻业的职业道德规范，以此作为准则、标准，来实现对新闻工作者职业行为和行业自我约束。[①]

北欧是近代报刊发源地之一，在道德规范方面起步较早。瑞典是世界上实行新闻自律最早的国家，在建立新闻自律组织和制定新闻道德准则方面，起步都很早。早在1923年，瑞典时事评论家俱乐部即已正式采用《报业伦理守则》（也称《新闻道德准则》）作为报业发表新闻与评论的规范和依据。其后，这部非官方守则经过多次修改补充，成了严格而具体的道德规范。

目前，北欧五国均已经形成了具有规范性的针对报刊、广播、电视等媒体的道德准则。值得一提的是，与其他一些确立了新闻自律的国家相比，北欧国家媒介从业人员的自律程度较高，且有独立于政府之外的媒介自律组织机构和评议委员会。

---

① 魏永征、张咏华、林琳：《西方传媒的法制、管理和自律》，中国人民大学出版社，2003，第384页。

(一) 丹麦

1992 年，丹麦成立了报业评议委员会专门处理新闻伦理问题，该委员会由 1 名主席、1 名副主席、6 名委员组成，主席由最高法院院长任命。在 6 名委员中，2 人由新闻记者协会推荐，2 人由负责评论管理的委员会和广播电视台推荐，2 人由丹麦成人教育委员会推荐。

(二) 芬兰

1968 年，芬兰针对大众传播领域的出版人和记者成立了自律组织大众媒介委员会。该委员会由 1 名主席和 9 名成员组成，其中 6 人代表特定的媒体领域，3 人代表社会公众。由委员会自行选择的主席和 3 名公众代表不得是任何媒介实体的雇员或董事会成员，6 名媒介代表则由大众媒介委员会分支组织的代表组成的特殊委员会指定。对于受众投诉的相关问题，该委员会必须在 3 个月内予以处理，且不得收取任何费用。

(三) 挪威

早在 1900 年，挪威就将"新闻自由"写入宪法。挪威宪法第 100 条规定：新闻作品除内容违反法律、具有"对宗教、道德或宪法力量的诬蔑"，或是对另一个人"虚假的和破坏名誉"之外，严格禁止个人因作品内容而受到惩罚。新闻机构与任何公民一样是法律主体，因此，新闻不能被宪法以外的其他法律所限制。10 年之后，挪威成立了报业仲裁委员会。1936 年成立的挪威报刊投诉委员会作为挪威报业的全国性仲裁机构，负责处理有关报业伦理的案件。

1994 年 10 月 14 日，挪威新闻协会（Norwegian Press Association）颁布了《职业道德准则》（*Ethical Code of Practice*）。该准则包含了新闻机构保护言论自由和信息传播自由权及发表多种评论和观点的权利，并被作为新闻机构最重要的行为指导实施。该准则同时强调诚实和责任感，如禁止以任何形式表现对广告客户的偏好，新闻机构必须使用来源可靠的信息，在不需要保护信息来源的情况下，必须说明来源。

(四) 瑞典

早在 1874 年，瑞典即成立了时事评论家俱乐部，负责建立报业的职业标准，维护新闻业的尊严和责任，以避免内部腐化或遭受外界攻击。据欧洲新文学中心的网站提供的资料，瑞典时事评论家俱乐部在 1900 年即制定了一套新闻传播规约。

瑞典报业委员会成立于1916年，包括一名作为主席的法官，报纸发行协会、杂志出版协会、瑞典记者协会和国家出版俱乐部4个组织各推选1名代表，以及3名公众代表。此外，瑞典还从1969年开始实施报业督察员制度。以前由报业委员会负责处理的投诉问题由报业督察员负责处理。目前，每年处理的投诉约在350~400件。其中10%~15%的投诉会导致报业委员会对被投诉报纸的正式批评。

无论从自律督促机构还是从自律规范来看，目前的瑞典新闻自律体系都比以往更趋完善。瑞典新闻界的自律督促机制，以瑞典报业评议会（由当年瑞典时事评论家俱乐部联合瑞典报纸发行人协会及瑞典新闻工作者工会组成的瑞典报业荣誉法庭发展而成）和意见调查员为主。此外，为适应目前广电媒介与报刊业共同发展的情况，瑞典还设有瑞典新闻界合作理事会。目前瑞典新闻自律的基础，是该理事会于1978年首次通过、1995年再次通过的瑞典新闻自律规范，即瑞典报刊、广播和电视道德准则，这三套分别由独立的组织提出的自愿性的准则，分别有自己的监督执行组织。其核心部分，由瑞典报业评议会和督察员监督实施；反对隐性广告的职责，由一个反对隐性广告委员会监督实施；新闻职业准则，由瑞典新闻工作者公会委员会任命的一个专门委员会监督实施。

多年来，北欧国家的发行人和记者协会在自行确立、管理的伦理规范下合作，不受国家干涉。北欧国家的记者对待新闻伦理的态度没有太大分歧。1992年，丹麦通过《媒体责任法》，将"健全的新闻伦理"正式纳入法律。在该法第34条第一款特别提出，"大众媒体发布出版的内容与行为应当与健全的新闻伦理保持一致"。丹麦成为北欧第一个也是唯一一个将媒体自律诉诸法律的国家，此举引来广泛争议和质疑。

参考文献

一 英文文献

Anja Bechmann Petersen, "Cross Media as Innovation Strategy: Digital Media Challenges in the Danish Broadcasting Corporation", *RIPE*, 2008.

Anker Brink Lund, "Media Markets in Scandinavia: Political Economy Aspects of Convergence and Divergence", *Nordicom Review*, 2007.

Arne H. Krumsvik, "What Is the Strategic Role of Online Newspapers?", *Nordicom Review*, 27 (2006) 2.

Asle Rolland, "Establishing Public Broadcasting Monopolies: Reappraising the British and Norwegian case", *Media History Monographs*, 2005, 8 (1).

Bagdikian, Ben H., *The Media Monopoly*, Boston: Beacon Press, 2000.

Bakker, Piet, "The life cycle of a free newspaper business model in newspaper-rich markets", *Journalistica*, 2013 (1).

Bondebjerg, Ib & Francesco Bono, *Television in Scandinavia. History, Politics and Aesthetics*, Luton: Luton University Press, 1996.

Brown, A. & Picard, R., eds., *Digital terrestrial television in Europe*. Mahwah, N. J.: Lawrence Erlbaum, 2005.

Carlsson, U. & Harrie, E., eds., *Media trends in Denmark, Finland, Iceland, Norway and Sweden*, Göteborg: NORDICOM, 2001.

Carsten Corneliussen, *DAB and Nordic Countries*, DOSSOER, 2004.

Cavallin, Jens., *Media concentration and media ownership in the Nordic countries*, Copenhagen: Nordic Council of Ministers, 1993.

Council of Europe, *Radio and Television Systems in Northern Europe and the*

Baltic, Strasbourg: Council of Europe Publishing, 1998.

Croteau, David & Hoynes, William, *The Business of Media. Corporate Media and the Public Interest*, Thousand Oaks: Pine Forge Press, 2001.

Doyle, G., *Media Ownership-The economics of convergence and concentration in the UK and European media*, London: SAGE Publications, 2002.

Euromedia Research Group, *The Media in Western Europe: The Euromedia Handbook* 2nd, SAGE Publication.

Isabel Fernández Alonso et all., eds., *Press Subsidies in Europe*, Universitat Autònoma de Barcelona, Institute de la Communicació IV, Col-lecció Lexikon 2, Barcelona.

Gunn Sara Enli, "Redefining Public Service Broadcasting: Enlightenment, Entertainment and Participation, Convergence", *SAGE*, 2008, Vol. 14 (1).

Hallin, Daniel C. & Mancini, Paolo, *Comparing Media Systems. Three Models of Media and Politics*, Cambridge: Cambridge University Press, 2004.

Harrie, E., comp., *The Nordic media market*, Göteborg: NORDICOM, 2003.

Harcourt, A., *The European Union and the regulation of media markets, European Policy Research Series*, Manchester and New York: Manchester University Press, 2005.

Herman, E. and R. McChesney, *The Global Media: The New Missionaries of Corporate Capitalism*, London: Cassell, 1997.

Håkon Larsen, "Public service broadcasting for the 21st century: a Scandinavian outlook", 2008, http://iccpr2008.yeditepe.edu.tr/papers/Larsen_Hakon.doc.

Höyer, Svennik, "The Rise and Fall of The Scandinavian Party Press", In Höyer, Svennik & Pöttker, Horst, eds., *Diffusion of the News Paradigm 1850 - 2000*, Göteborg: Nordicom, 2005.

IB Poulsen, "Public Service Radio in Denmark Today", In U. Carlsson, ed., *Radio Research in Danmark, Finland, Norway and Sweden. Nordic Review*1,

1997, Goteborg.

Ingela Wadbring, "A paper for Its Time? Metro and the Swedish Newspaper Market?", Doctoral Dissertation Presented at the Department of Journalistm and Mass Communication, 2003, Göteborg University.

Jan E. S. Helgesen, "The Internationalization of Norwegian Newspaper Companies?", http: //www. nordicom. gu. se /mr /iceland /papers /two / JESHelgesen. doc.

Jean K. Chalaby, "Transnational Television in Europe: The Role of Pan-European Channels", *European Journal of Communication*, 2002.

Johann Roppen, Anker Brink Lund and Lars Nord, "Challenges to Scandinavian Public Service Broadcasting in Multimedia Market", Paper for RIPE, 2006.

Jyrki Jyrkiäinen, "The Finnish Media: Internet Moves Media Plates", 2008, http: //virtual. finland. fi/netcomm /news /showarticle. asp? intNWSAID = 27113.

Karl Erik Gustafsson& Emeritus, "The Market Consequences of Swedish Press Subsidies", Ministry of Culture in Sweden.

Karlsson, Ragnar, "Iceland: Mapping the Newspaper Market 1980 – 2003", in Beate Schneider and Walter J. Schütz, eds. , *Europäische Pressemärkte / European Press Markets*, Special Issue of Relation, N. F. 1, 2004, Vienna: Österreichische Akademie der Wissenschaften.

Kelly, M. , Mazzoleni, G. & McQuail, D. , eds. , *The media in Europe: The European media handbook*, 2004, London: Sage Publications.

Lars Nord, "Comparing Nordic Media Systems: Is the North Going West", Proceedings from the annual meeting of the International Communication Association, TBA, San Francisco, CA, 2007.

Leen d' Haenens and Frieda Saeys, eds. , *Western Broadcasting at the dawn of the 21st Century*, Berlin: Mouton de Gruyter, 2001.

Leon Barkho, "Nordic Television at the Turn of the Century: An Overview of Broadcasters and Audiences", Jönköping International Business

School, 2005.

Lindgre, Jonas and Persson, Fredrik, "Diversification and Performance: The Nordic Media Market", Marster's Thesis, Jönköping International Business School, 2005.

Lund, Anker Brink, "Media markets in Scandinavia: Political Economy Aspects of Convergence and Divergence", *Nordicom Review*, Jubilee Issue 2007.

Lund, Anker Brink, Christian Edelvold Berg, "Denmark, Sweden and Norway: Television Diversity by Duopolistic Competition and Co-Regulation", *International Communication Gazette*, 2009, 71 (1 – 2).

Marcus Asplund, Rickard Eriksson, Niklas Strand, "Prices, Margins and Liquidity Constraints: Swedish Newspapers 1990 – 1996", Working Paper Series in Economics and Finance 470, Stockholm School of Economics.

Mart Ots, "The breakdown of a media policy system-or the dawning or a new era", Paper for the PSA Annual Conference, 2006.

Martin Engebretsen, "Shallow and Static or Deep and Dynamic? Studying the State of Online Journalism in Scandinavia", *Nordicom Review*, 27 (2006) 1.

McQuail, Denis, *McQuail's mass communication theory*, 5th ed., London: Sage, 2005.

M & M Europe, *Pan-European Television*, London: Emap Media, 2000.

Minna Aslama, Heikki Hellman and Tuomo Sauri, "Does Market-entry Regulation Matter? Competition in Television Broadcasting and Programme Diversity in Finland 1993 – 2002", *GAZETTE*, 2004.

Murschetz, p., "*State Support of the Press-Theory and Practice. A Survey of Austria, France, Norway and Sweden*", Düsseldorf: European Institute for the Media, 1997.

"Nordic digital radio development: No agreement on common standard", *Nordic media policy*, 2005 (5).

Nordic Television, http://www.museum.tv/archives/etv/N/htmlN/nordictelevi/nordictelevi.htm.

"Nordicom Media Trends 7", *The Nordic Media Market*, Göteborg: Nordicom, 2003.

Ole Prehn & Per Jauert, "Ownership and Concentration in Local Radio Broadcasting in Scandinavia", *Nordicom Review*.

Panagiota Koulouvari, "Family Owned Media Companies in the Nordic Countries: Research Issues and Challenges", Jönköping International Business School, 2004.

Papathanassopoulos, Stylianos, *European television in the digital age*, Cambridge: Polity Press, 2002.

Power D., "The Nordic 'Cultural Industries': a cross-national assessment of the place of the cultural industries in Denmark, Finland, Norway and Sweden", *Geografiska Annaler*, 2003, B, 85 (3).

Robert G. Picard, "Expansion and limits in EU television markets: Audience, advertising and competition issues", *Discussion paper* C2/2001, Turku, Finland: Business Research and Development Centre, Turku School of Economics and Business Administration.

Robert G. Picard, "Media Ownership and Concentration in the Nordic Nations", http://www.cem.ulaval.ca/pdf/Paysnordiques.pdf.

Robert G. Picard, M*edia Firms: Structure, Operations, and Performance*, NJ: Lawrence Erlbaum Associates, Publishers.

Robert G. Picard & Mikko Gronlund, "Development and Effects of Finnish Press Subsides", *Journalism Studies*, Volume 4, Number 1, February 2003.

Robert V. Wallace, "Ownership and Minorities in Norwegian Media: From Monophony to Polyphony", *Intercultural Communication Studies*, 2007, XVI.

Robert V. Wallace & Wang Yu, "The Development of Digital Television in China and Norway", *Intercultural Communication Studies*, 2008, XVII (3).

Robert V. Wallace, "Media, market, state and politics in Norway",

Informacijos mokslai (*Information Science*), 2008, 47 (4).

Roger & Anna-Maria Blomgren, "Broadcasting policy in the Nordic countries. policy networks, institutions and policy design", Paper to ECPR Joint Sessions, Mannheim, 1999.

Roppen, Johann, Lund, Anker Brink & Nord, Lars, "Challenges to Scandinavian Public Service Broadcasting in Multimedia Market", Paper to RIPE@ conference, Amsterdam, 2006.

Skogerbø, Eli, "Press Subsidy System in Norway, Controversial Past-Unpredictable Future?", *European Journal of Communication*, 12 (1).

Siune, Karen and Olof Hultén, "Does Public Broadcasting Have a Future?", in Dennis McQuail and Karen Siune, eds., *Media Policy, Convergence, Concentration and Commerce*, London: Sage.

Stig Handeius & Lennart Weibull, "The Swedish Newspaper System in the Late 1990s: Tradition and Transition", http://www.nordicom.gu.se/common/publ_pdf/31_hadenius-weibull.pdf.

Terje Flisen, "Nordic media models under pressure?", *Nordic Media Policy*, 2007.

Trine, Syvertsen & Gro Maren Mogstad Karlsen, "The Norwegian Television Market in the 1990s: Legal Framework, Market Situation, Financial Information and Programming of Public and Private Television", *Nordicom review*, 2000, Vol. 21.

Trine. Syvertsen, "The Many Uses of the 'Public Service' Concept," *Nordicom Review*, 2001, 20 (1).

Trine Syvertsen, "Challenges to Public Television in the Era of Convergence and Commercialization", *Television & New Media*, May 2003.

Trine Syvertsen, "*From PSB to Me-TV' Television, convergence and media policy: The case of Norway*", Paper to the Political Economy Section, IAMCR Conference in Singapore, 2000.

Trine Syvertsen, "Public Television in Transition: A Historical and Comparative Analysis of the BBC and the NRK", Thesis submitted for the degree of Doctor of

Philosophy at the University of Leicester. Published as *Levende Bilder* 5/92. Oslo: KULT/NAVF, 1992.

Wiio, Juhani, *Managing Strategic Change in the Changing Radio and Television Market: A Finnish Example 1985 – 1998*, Helsinki: Yleisradio.

二　中文文献

爱伦·B. 艾尔巴兰等:《全球传媒经济》,王越译,中国传媒大学出版社,2007。

陈季冰:《中国与西方报业经济结构比较——瑞典报业观察与思索》,《新闻记者》2004年第8期。

金涛:《〈地铁报〉带来了什么?——瑞典免费报纸竞争策略及其发展趋势》,《新闻记者》2005年第2期。

梁光严编著《列国志·瑞典》,社会科学文献出版社,2007。

明安香主编《全球传播格局》,社会科学文献出版社,2006。

任琦:《北欧五国媒介管理制度》,《中国记者》2005年第12期。

王鹤编著《列国志·丹麦》,社会科学文献出版社,2006。

王怡红:《和而不同:北欧国家对境外媒介影响的有机互动策略》,《中国传媒报告》2004年第3期。

王宇:《试谈挪威报业及报业补贴制度》,《人民共和国党报论坛2007卷》,中国传媒大学出版社,2008。

王宇:《挪威报业的补贴制度》,《传媒观察》2009年第1期。

王宇:《北欧国家报业市场的变革与发展》,《中国报业》2009年第2期。

文建:《三类报纸的小报化历程》,《中国记者》2005年第12期。

魏永征、张咏华、林琳:《西方传媒的法制、管理和自律》,中国人民大学出版社,2003。

张咏华、陈沛芹:《浅谈西欧国家的新闻道德规范》,《新闻界》2002年第5~6期。

郑保卫:《建立监督仲裁机构 强化行业自律机制——关于我国组建新闻评议会的建议与构想》,《新闻记者》2002年第8期。

后 记

我在10年前选择挪威作为海外访学的目的地国家时,其实对这个国家的了解并不多,仅有的认识就是这是位于欧洲最北端的高福利、高税收的国家,国家不大,人口较少。这样的国家为什么会在当年"最适合人居住的国家"评比中排名第一?当时可能大多数人都不了解这个国家,一般的银行换不到挪威克朗,书店里没有一份挪威地图(只有斯堪的纳维亚三国地图)、找不到一本《挪汉词典》(甚至找不到《挪英词典》),没有直达的航班……我这个自认为地理还不错的人也是揣着无知和好奇去做访问学者的。

在挪威生活的一年中,我逐渐了解并喜欢,甚至是爱上了这个国家:纯净的自然环境、淳朴的挪威同事、并非高不可攀的物价等,都与一般人心目中的挪威不甚相同。随着对挪威的逐步了解,我开始接触与它相邻的瑞典和丹麦,了解它们之间相互纠葛的历史和可以共享的文化、语言等,再进而了解斯堪的纳维亚国家的人们如何看待他们的文化、语言、历史、经济及周边国家。在我们看来,Nordic和Scandinavian都是北欧,对他们来讲,则在不同的场合需要使用不同的北欧概念。对于具有文化相似性的国家来说,坚持自己的传统与独立性其实并不容易。而为了捍卫这种独立性,有时难免出现我们不太容易理解的情况。如我在访问一位北欧电视机构管理层人员时,他说,尽管各国派驻北欧电视机构的代表英语水平都很高,但他们在开会议政的时候都坚持讲本国语言,于是,挪威、瑞典、丹麦的代表可以互相听个大概,芬兰、冰岛的代表就常常是"鸡同鸭讲",如此议事效率堪忧,但他们认为这是对本国语言的坚守。在媒介领域同样如此,北欧各国通过制定和实施媒介所有权法来尽可能限制媒介的过度集中，通过对小型、次级报纸进行直接的实物补贴和间接补贴以维护多样化的表达和声音，要求全国性商业频道承担一定的公共责任等，这些都是出于文化传承与保护的需要。

在挪威期间，我接触了丹尼尔·哈林和保罗·曼西尼的《比较媒介制度》一书，结合自己对挪威广播公司、挪威媒介管理局和北欧电视机构等的调研，我开始关注和研究整个北欧地区的媒介发展情况，发现其确实具有一些独特性的东西，也一直希望能有可以与他人分享的成果。由于以往国内媒介研究学者对北欧五国的媒介研究较少，可以借鉴的资料不多，再加上我自身语言和能力的不足，对相关材料的整理、数据的分析和研究进展缓慢，拿得出手的成果并不是很多。而且近年来随着新兴媒介的兴起与发展，媒介格局已经发生和正在发生诸多变化，以传统报业实力雄厚为特征之一的北欧媒介模式正面临挑战和变革，一些媒介研究专家在重新审视并探讨是否存在北欧媒介模式。作为一个远距离的观察者，我很难及时准确地把握北欧国家媒介业正在发生和即将发生的变化，因此，对它们的研究也不能完全做到系统和深入。

本书只能说是对北欧媒介的粗浅研究，或者是对北欧媒介模式的梳理和整合，之所以出版，一是对多年前安排我采访相关部门的挪威同行的感谢，二是希望对关注北欧媒介研究的学者起到抛砖引玉式的作用。现在还清晰地记得有一年冬天，我连续一周赶火车到位于另一个城市的挪威媒介管理局采访，早晨出门时黑洞洞的天空和下午3点看着太阳落下地平线时复杂的心情。

今年是个特殊的年份，谨以此书献给自己。

王 宇
2016 年 2 月 1 日于北京

图书在版编目(CIP)数据

北欧媒介研究/王宇著. -- 北京：社会科学文献出版社，2016.7
（文化发展学术文丛）
ISBN 978-7-5097-9100-4

Ⅰ.①北… Ⅱ.①王… Ⅲ.①传播媒介-研究-北欧 Ⅳ.①G219.53

中国版本图书馆CIP数据核字（2016）第096224号

·文化发展学术文丛·

北欧媒介研究

著　　者 / 王　宇

出 版 人 / 谢寿光
项目统筹 / 王　绯　周　琼
责任编辑 / 张　玥　周　琼

出　　版 / 社会科学文献出版社·社会政法分社（010）59367156
　　　　　　地址：北京市北三环中路甲29号院华龙大厦　邮编：100029
　　　　　　网址：www.ssap.com.cn
发　　行 / 市场营销中心（010）59367081　59367018
印　　装 / 三河市东方印刷有限公司
规　　格 / 开　本：787mm×1092mm　1/16
　　　　　　印　张：12.5　字　数：199千字
版　　次 / 2016年7月第1版　2016年7月第1次印刷
书　　号 / ISBN 978-7-5097-9100-4
定　　价 / 58.00元

本书如有印装质量问题，请与读者服务中心（010-59367028）联系

▲ 版权所有 翻印必究